Lars-Phillip Rusch

Bauleitung

Lars-Phillip Rusch

Bauleitung

BIRKHÄUSER
BASEL

Inhalt

VORWORT _7
EINLEITUNG _9
GRUNDLAGEN DER BAULEITUNG _11
    Vorbereitung der Bauleitung _11
    Die Stunde der Wahrheit _11
    Qualitätsvorgaben _12
    Terminvorgaben _13
    Kostenvorgaben _14

ORGANISATION DER BAUSTELLE _15
    Baustelleneinrichtung _15
    Sicherheit der Baustelle _18
    Zusammenarbeit auf der Baustelle _23
    Projektbesprechung/Baubesprechung _30

TERMIN- UND ABLAUFPLANUNG _35
    Begriffe der Termin- und Ablaufplanung _35
    Durchführung der Termin- und Ablaufplanung _36
    Terminprüfung _43
    Terminsteuerung _46

QUALITÄTSSICHERUNG _52
    Festlegung der Qualitäten _52
    Überwachung und Sicherstellung der Qualitäten _57
    Gesetze, Vorschriften, Normen _59
    Mängel und Mängelbeseitigung _63

KOSTEN UND ABRECHNUNG _68
    Budget _68
    Vergabesumme, Auftragssumme _69
    Prognose, Nachträge _69
    Kostenkontrolle _72
    Kostensteuerung _72
    Abrechnung _73

ABNAHMEN _77
    Abnahmen der Bauleistungen, Risikoübergang _77
    Gewährleistung _80
    Behördliche Abnahmen _80

ÜBERGABE _82
    Übergabe an den Bauherrn _82
    Projektdokumentation _82

ANHANG _84
    Literatur _84
    Richtlinien und Normen (Auswahl) _85
    Bildnachweis _85
    Der Autor _85

Vorwort

Die Qualitätssicherung bei der Umsetzung der Planungen in ein reales Gebäude ist eine der wichtigsten Aufgaben des Architekten. Die im Entwurf formulierten Anforderungen müssen auf der Grundlage von Ausführungsplänen und Ausschreibungen in reale Konstruktionen und Bauteile übertragen werden. Der Architekt steuert und kontrolliert während der Bauphase konsequent die festgelegten Qualitäten und stellt trotz möglicher Unwägbarkeiten ihre Umsetzung sicher. In dieser Phase entscheidet sich schlussendlich, mit welcher Ausführungsqualität das errichtete Gebäude sich fortan darstellt und auch langfristig nutzen lässt. Neben der Ausführungsqualität sind die entscheidenden Rahmenbedingungen eines Projektes in der Regel die Einhaltung der Kosten und die Einhaltung des Fertigstellungstermins – für den Bauherrn essenzielle Kriterien für den Erfolg oder Misserfolg seines Projektes.

Meist verfügt ein Student oder Berufsanfänger über wenig Baustellenerfahrung; durch Praktika sind vielleicht erste Einblicke in Planungsbüros oder den Baustellenbetrieb erfolgt. *Basics Bauleitung* holt Studenten und Berufsanfänger in diesem Wissensstadium ab und erarbeitet strukturiert mit Hilfe von leicht verständlichen Einführungen und Erklärungen die Arbeitsfelder der Bauleitung.

Das Buch veranschaulicht, was einen guten Bauleiter ausmacht: eine durchdachte Baustellenorganisation, eine funktionierende Terminplanung, die konsequente Kostenkontrolle und zuletzt die stetige Überwachung von Ausführungsqualitäten bis hin zur professionellen Übergabe an den Bauherrn gehören zu seinem Handwerkszeug.

Selbstverständlich kann hier nicht tatsächliche Berufserfahrung ersetzt werden, aber das Buch vermittelt praxisnah und strukturiert die elementaren Aufgaben und Zusammenhänge auf der Baustelle, um einen fundierten und schnellen Einstieg in erste Bauleitungsaufgaben zu ermöglichen.

Bert Bielefeld, Herausgeber

Einleitung

Mit dem Beginn der Bauleitung geht es darum, die bisher in den Plänen und Texten abstrakt beschriebenen Leistungen 1:1 auf der Baustelle umzusetzen. Zu erleben, wie das geplante Gebäude im Rohbau seine Form annimmt und durch den Ausbau zu dem wird, was bisher nur auf dem Papier oder in Modellen existierte, ist oftmals zwar mit viel Mühe verbunden, aber immer sehr lehrreich.

Das Gelingen der Bauleitung wird an der Einhaltung der drei wichtigsten Teilziele gemessen: Kosten, Termine, Qualitäten. Bleiben die Kosten im vereinbarten Rahmen, wird das Bauvorhaben zum vereinbarten Termin fertig und werden die geforderten Qualitäten erreicht, hat der Bauleiter das Projekt erfolgreich abgewickelt. > Abb. 1

Das Augenmerk des Bauleiters muss also während der Bauausführung darauf gerichtet sein, die Einflussfaktoren auf die Kosten, Termine und Qualitäten so zu steuern, dass Abweichungen im vereinbarten Rahmen bleiben, innerhalb der Projektabwicklung ausgeglichen werden oder in Abstimmung mit dem Bauherrn akzeptiert werden können.

Nach der Erstellung der Entwurfs-, Genehmigungs- und Ausführungsplanung liegen die Ergebnisse der ersten Ausschreibungen vor. Auf dieser Grundlage werden die ausführenden Firmen beauftragt. Für Architekt und Bauherr beginnt die Ausführung der Bauaufgabe. Je nach Projektstruktur überschneiden sich die Phasen der Planung und Ausschreibung mit der Phase der Bauausführung. Während im Büro noch an den Details des Ausbaus und der Gebäudeausstattung gefeilt wird, entsteht auf der Baustelle bereits der Rohbau. > Abb. 2

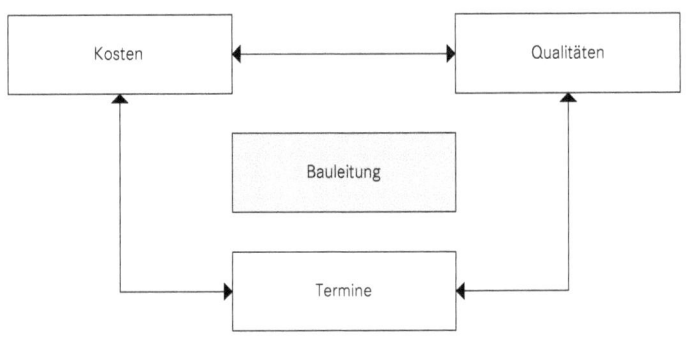

Abb. 1: Hauptaufgaben der Bauleitung

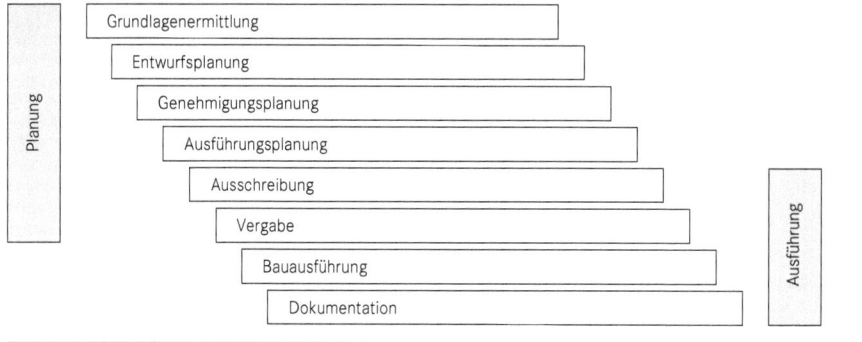

Abb. 2: Planungs- und Ausführungsphasen

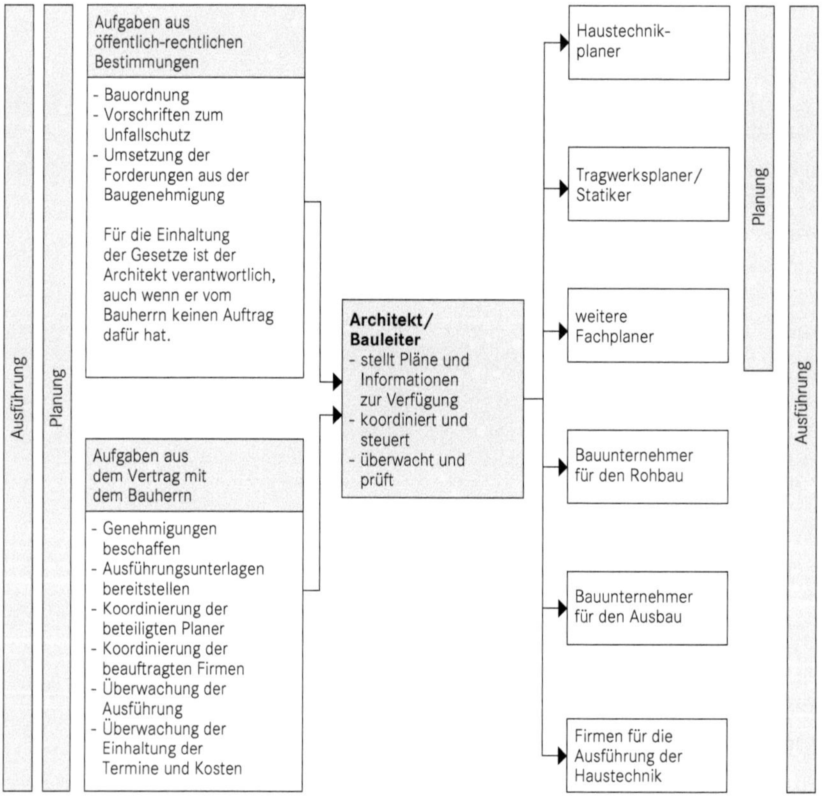

Abb. 3: Aufgaben der Bauleitung

Grundlagen der Bauleitung

VORBEREITUNG DER BAULEITUNG

Die Begriffe Bauleitung und Bauleiter werden in der Praxis häufig unterschiedlich verstanden. Der Bauleiter ist einerseits gemäß Vertrag mit dem Bauherrn beauftragt, die Bauausführung zu überwachen. Er überprüft also, ob die Wünsche des Bauherrn durch die ausführenden Firmen fach- und sachgerecht umgesetzt werden (d. h. nach der abgestimmten Planung). Um dies zu gewährleisten, werden bei der Planung des Gebäudes neben Vereinbarungen in Bezug auf die Architektur auch eine Vielzahl weiterer Absprachen, beispielsweise hinsichtlich der Baukosten und der Termine, getroffen, die jetzt im Zuge der Ausführung durch den Bauleiter umgesetzt werden müssen.

> Bauüberwachung für den Bauherrn

Andererseits werden an den Bauleiter Anforderungen gestellt, die sich aus gesetzlichen Vorgaben der Genehmigungsbehörden ergeben. Er ist dafür verantwortlich, dass die Planung so umgesetzt wird, wie sie behördlich genehmigt wurde. Darüber hinaus muss der Bauleiter dafür Sorge tragen, dass auf seiner Baustelle im Rahmen der Anforderungen an die Sicherheit gearbeitet wird und von der Baustelle keine Gefahr für die am Bau Beteiligten und andere ausgeht. > Abb. 3

> Überwachung der gesetzlichen Vorgaben

DIE STUNDE DER WAHRHEIT

Die Realisierung des Objektes ist die eigentliche „Stunde der Wahrheit". Jetzt wird deutlich, ob die Konstruktion wie geplant ausführbar ist. Kein Architekt sollte auf die hier zu sammelnden Erfahrungen verzichten, da die Bauausführung ein wesentlicher Impulsgeber für weitere Entwicklungen sein kann. Wie beschrieben gehören zu den Aufgaben des Bauleiters unter anderem die Überwachung der Kosten, Termine und Qualitäten. Im Regelfall sind die für die Erbringung dieser Leistungen notwendigen Arbeiten in den Honorarordnungen für Planungsleistungen beschrieben. Der Architekt schuldet nicht einfach irgendeine Tätigkeit, sondern die Entstehung eines plangerechten, technisch und wirtschaftlich mangelfreien Bauwerks.

Besonders zu beachten ist, dass Bauen die Herstellung von immer unterschiedlichen Objekten unter unterschiedlichen Bedingungen bedeutet. Im Unterschied zur stationären Fertigung etwa im Automobilbau sind Bauprojekte durch folgende Besonderheiten charakterisiert:

— Der Projektumfang, die zur Verfügung stehende Zeit und die geforderte Qualität sehen bei jeder Bauaufgabe anders aus.
— Es handelt sich um zeitlich und räumlich begrenzte Tätigkeiten.

- Der Standort der Bauaufgabe wechselt, und jeder hat einzigartige Besonderheiten.
- Das Zusammenwirken einer Vielzahl von Menschen bzw. Unternehmen, die (häufig) vorher nicht zusammengearbeitet haben und die später (wahrscheinlich) nicht wieder zusammenarbeiten werden, ist notwendig.
- Die Beteiligten haben im Regelfall gegensätzliche Interessen (einerseits das Geld des Bauherrn bestmöglich zu verwalten und andererseits den Auftrag mit Gewinn abzuwickeln).
- Der Erfolg muss gleich und unmittelbar eintreten. Vor der Durchführung des Projektes kann nicht „geprobt" werden. Es gibt bis auf eventuelle Muster keine „Nullserie".
- Über die Ziele und das Ergebnis kann häufig im Nachhinein nicht verhandelt werden (insbesondere den Termin).

QUALITÄTSVORGABEN

Da es bei der Bauleitung darum geht, die vom Bauherrn gewünschten und in den Leistungsverzeichnissen festgelegten Leistungen umzusetzen, bilden diese die Grundlage aller Tätigkeiten im Rahmen der Bauleitung.

Leistungsverzeichnis

Je nach Art der Ausschreibung können Leistungsverzeichnisse alle notwendigen Leistungen im Detail (detaillierte Ausschreibung) oder das Ergebnis der geforderten Leistungen (funktionale Ausschreibung) beschreiben.

Ist die Vergabe, d. h. die Beauftragung der ausführenden Firmen auf der Grundlage von detaillierten Leistungsverzeichnissen, erfolgt, kann der Bauleiter sich in der Regel auf die darin vereinbarten und festgelegten Ausführungsqualitäten und Mengen verlassen, sollte aber diese wie auch alle übrigen ihm übergebenen Unterlagen auf Richtigkeit und Vollständigkeit prüfen.

Der Leistungsumfang ist im Zuge der Ausführungsplanung und der Ausschreibung genau festgelegt worden. Ist die Ausschreibung als funktionale Ausschreibung erfolgt, ist also lediglich das gewünschte Ergebnis funktional durch die Leistungsbeschreibung definiert, so steht der ausführenden Firma die Wahl der Bauverfahren sowie die Festlegung der Ausführung im Detail frei. In diesem Fall beschränkt sich die Bauleitung in der Regel auf die Prüfung der in der funktionalen Beschreibung formulierten Qualitäten.

Künstlerische Oberbauleitung

Da die Vergabe an das ausführende Bauunternehmen bei einer funktionalen Leistungsbeschreibung meist schon in frühen Planungsphasen erfolgt, übernimmt das ausführende Bauunternehmen die weitere Detailplanung und die Überwachung der Ausführung. Auch bei dieser Konstellation sind auf Seiten des Auftraggebers fachkundige Bauleiter notwendig, um als Sachwalter des Bauherrn die Arbeit der ausführenden Bauunternehmen zu kontrollieren. Auch wenn sich das Bauunternehmen in diesem Fall selbst koordinieren muss, muss es gültige Vorschriften und Normen einhalten. Die Überwachung durch den Architekten wird daher oft mit dem Begriff „künstlerische Oberbauleitung" bezeichnet.

TERMINVORGABEN

Der Bauleiter ist für die Umsetzung der geforderten Qualitäten und die Einhaltung des vom Bauherrn vorgegebenen Kostenrahmens > Kap. Kostenvorgaben sowie für die termingerechte Fertigstellung der Bauaufgabe verantwortlich. Der Fertigstellungstermin ist in der Regel in einem frühen Planungsstadium festgelegt worden und zum Zeitpunkt der Bauausführung, also mit Beginn der Bauleitung, nicht mehr diskutierbar. Für den Bauherrn ist die Einhaltung des Fertigstellungstermins je nach Bauaufgabe von erheblicher Wichtigkeit. Ist beim Einfamilienhaus bei verspäteter Fertigstellung die Miete für die alte Wohnung länger zu zahlen als geplant, fallen bei großen Gewerbeimmobilien unter Umständen immense Summen für den Mietausfall an.

Die Grundlage der Terminplanung für die Bauleitung ist die Rahmenterminplanung des Architekten, Bauherrn oder Projektsteuerers. Im Rahmenterminplan sind neben der Planungsphase (wann sind welche Planungen und Ausschreibungen zu erstellen?) auch die Realisierungsphase des Bauvorhabens mit Baubeginn und Fertigstellung sowie einige für den Bauherrn relevante Zwischentermine wie Grundsteinlegung, Richtfest oder Einzug dargestellt. Diese Termine sind oftmals festgelegt und an weitere Verpflichtungen geknüpft, also nicht variabel. Die Planung des Bauablaufs und die Einflussmöglichkeiten durch die Bauleitung werden weiter unten ausführlich beschrieben. > Kap. Termin- und Ablaufplanung

Rahmenterminplanung

○ **Hinweis:** Das Thema Ausschreibung und die Erstellung von Leistungsverzeichnissen werden ausführlich in *Basics Ausschreibung* von Tim Brandt und Sebastian Franssen, erschienen im Birkhäuser Verlag, Basel 2014, erklärt.

■ **Tipp:** Ist der verantwortliche Bauleiter nur teilweise oder gar nicht an der Erstellung der Ausschreibungsunterlagen beteiligt, ist es unbedingt notwendig, die beauftragten Angebote der ausführenden Firmen genau zu studieren. Nur so kann ein Überblick erlangt werden, welche Firma welche Leistungen in welcher Qualität und Quantität zu erbringen hat und wo die Schnittstellen zu weiteren Leistungsverzeichnissen bzw. Auftragnehmern bestehen.

KOSTENVORGABEN

So wie es Vorgaben für Qualitäten und Termine der Ausführung gibt, ist das vom Bauherrn vorgegebene Budget, also der Kostenrahmen, ein weiterer Fixpunkt, den es bei der Bauleitung zu beachten gilt. Die Kosten sind in der Regel durch das vom Bauherrn für diese Leistung vorgesehene Budget gedeckt. Im Zuge der Vergaben werden also die Qualitäten so beauftragt, dass bei der Bauausführung jeweils ausreichende finanzielle Mittel zur Verfügung stehen. Die Budgetplanung sollte normalerweise auch einen gewissen Puffer enthalten, der unvorhersehbare Ereignisse im Bauablauf finanziell abfedert. Dennoch ist es eine besonders wichtige Aufgabe der Bauleitung, den vorgegebenen Kostenrahmen einzuhalten. Der Bauleiter ist im Rahmen seiner Tätigkeit nicht befugt, Vereinbarungen zu treffen, die Nachteile für den Bauherrn bedeuten. Hierzu zählen insbesondere Zusagen gegenüber den Auftragnehmern, die Mehrkosten bedeuten. Ein Leitsatz beschreibt diese Grenze sehr treffend: „Wo das Portemonnaie des Bauherrn anfängt, hört die Architektenvollmacht auf."

Wie in Abbildung 4 dargestellt, erhält der Bauleiter im Verlauf der Bauausführung einen immer genaueren Überblick über die Kostenentwicklung. Auf jeden Fall muss er auch den Bauherrn ständig über die Kostenentwicklung seiner Baumaßnahme informieren. > Kap. Kostensteuerung

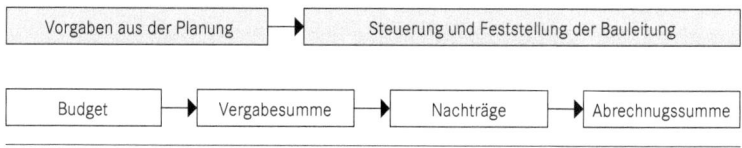

Abb. 4: Budget, Vergabesumme, Prognose, Abrechnungssumme

Organisation der Baustelle

Der Bauleiter muss nicht nur die Interessen des Bauherrn wahrnehmen, sondern ist auch für die allgemeine Ordnung auf der Baustelle verantwortlich. Hierzu muss er steuernd auf das Verhalten aller Beteiligten einwirken. Diese Steuerung beinhaltet auch, notwendige Sicherungsmaßnahmen zu treffen, bei den Arbeitern für die Verwendung der erforderlichen Schutzausrüstungen zu sorgen und die Baustelle stets in einem aufgeräumten Zustand zu halten. Die Verantwortung für den Unfallschutz spielt bei der Organisation der Baustellen eine besonders wichtige Rolle.

BAUSTELLENEINRICHTUNG

Die Art und Größe des Bauvorhabens bestimmt die notwendige Ausstattung der Baustelle mit Kranen, Lagerflächen, Unterkünften und Ein- und Ausfahrten. Zur eigentlichen Baustelleneinrichtung gehört neben Maschinen und Geräten auch eine gut durchdachte Infrastruktur mit Anschlüssen, Straßen und Lagerflächen.

Geräte
— Krane, Aufzüge, Gerüste
— Absperr- und Sicherheitseinrichtungen
— Baustellenbeleuchtung

Infrastruktur
— Lagerplätze für Material und Bauelemente
— Baustellenbüros, Unterkünfte und Toiletten sowie Waschräume
— Notwendige Wege und Straßen mit Ein- und Ausfahrten
— Anschlüsse für Elektro, Wasser, Abwasser und gegebenenfalls Heizung
— Maßnahmen zum Schutz der Umwelt und des Umfeldes, etwa für angrenzende Bestandsgebäude

Es ist in den Leistungsverzeichnissen zu berücksichtigen und bereits bei Vertragsabschluss zu klären, welcher Teil der Baustelleneinrichtung vom Bauherrn zur Verfügung gestellt wird und welche Elemente die Auftragnehmer wann und wo aufstellen. Bei großen Bauvorhaben ist die Baustelleneinrichtung in der Regel als separate Leistung in einer Ausschreibung beschrieben und beauftragt. Für die von allen Auftragnehmern genutzten Einrichtungen wie WC-Container, Gerüste oder Baustrom und Bauwasser muss ein Schlüssel zur Verteilung der anfallenden Kosten vertraglich festgelegt werden.

<small>Vertragliche Vereinbarungen zur Baustelleneinrichtung</small>

Weitere Einflüsse auf die Baustelleneinrichtung ergeben sich durch folgende Punkte:

- Standortbedingungen (Innenstadt, „grüne Wiese", Baugebiet mit weiteren Baustellen usw.)
- Art und Größe des Bauvorhabens
- Bauzeit
- Jahreszeit
- Bauverfahren wie Betonfertigteilbau, Bauen mit Ortbeton, Elementbau

○ Die einzelnen Elemente der Baustelleneinrichtung werden in einem Lageplan skizziert. > Abb. 5 Bei der Anordnung der Einrichtungselemente, Lager- und Bewegungsflächen und des Baufeldes ist darauf zu achten, dass Lieferfahrzeuge in den Schwenkbereich des Kranes fahren können und dass die Lagerflächen für Baumaterialien wie Rüstung, Schalung und Bewehrung für Stahlbetonarbeiten, Fertigteile und Fassadenelemente vom Kran erreicht werden können. Aufenthaltsräume und Baucontainer sollten jedoch außerhalb dieses Radius liegen.

In diesem Zusammenhang muss auch die Befahrbarkeit und Belastbarkeit von Straßen und Flächen vorab geklärt und beachtet werden. Oftmals müssen im Zuge der Baustelleneinrichtung Baustellenstraßen erstellt werden und die Kranstandorte aufgrund der hohen Belastungen besonders ertüchtigt werden.

■ Anpassung der Baustelleneinrichtung

Bei beengten Baustellen kann eventuell eine mehrfache Änderung der Flächennutzung notwendig werden. Darüber hinaus sollte die Baustelleneinrichtung als Kostenfaktor immer dem Baufortschritt angepasst werden. Nach der Fertigstellung des Rohbaus und der Dacharbeiten kann meist z. B. auf den Baustellenkran verzichtet werden. Die weiteren Transporte in oder auf das Gebäude können mit Baustellenaufzügen oder Mobilkränen erfolgen.

○ **Hinweis:** Für die Krangröße sind die maximalen Lasten, also etwa das Gewicht der größten Fertigteilelemente in Bezug auf den Standort des Krans, die notwendige Auslegerlänge sowie die Höhe des zu errichtenden Gebäudes und der umgebenden Bebauung maßgeblich. Der notwendige Abstand zur Baugrube ist besonders zu beachten, da die Belastungen des Krans in das umgebende Erdreich eingeleitet werden. Die Tragfähigkeit des Erdreichs kann durch eine Baugrube erheblich beeinflusst werden.

■ **Tipp:** Wird durch die Baustelleneinrichtung Einfluss auf die öffentliche Straßenverkehrsführung genommen, muss dies mit den Genehmigungsbehörden abgestimmt werden. Es können sich zum Beispiel Anfahrts- und Rettungswege der Feuerwehr im Bereich um die Baustelle ändern.

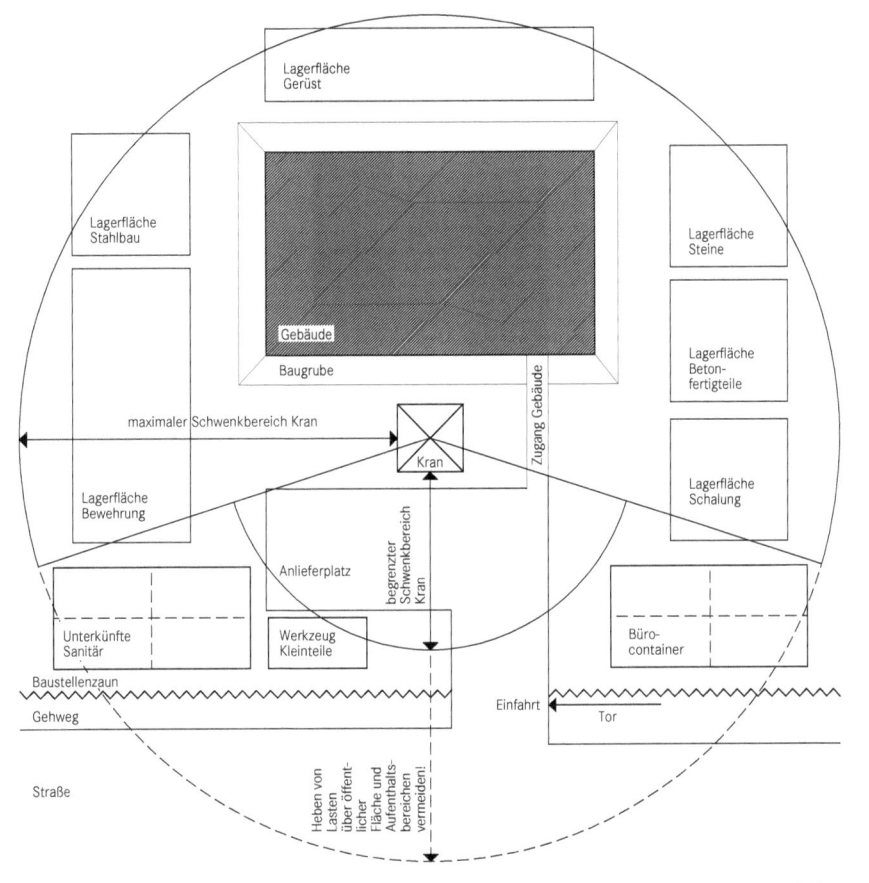

Abb. 5: Schema Baustelleneinrichtung

Bauen im Winter

Für das Bauen im Winter müssen zusätzliche Vorkehrungen getroffen werden. Dazu gehören:

- Bereitstellung von Streugut für Wege und Straßen
- Zusätzliche Beleuchtung der Verkehrswege
- Schutz der Wasserleitungen vor Frost
- Beheizung der Objekte oder Bauteile auf die technisch notwendigen Temperaturen
- Abdeckung von Bauteilen (Frostschutz, Witterungsschutz)
- Einhausen von Arbeitsabschnitten
- Abdecken (und ggf. Vorwärmen) von Baustoffen

Bei kalter Witterung sind Arbeiten im Freien nur für begrenzte Zeit möglich. Eine Einschätzung, ob Arbeiten ausgeführt werden können oder eingestellt werden müssen, muss der Bauleiter in Abstimmung mit den ausführenden Firmen treffen, wobei die Sicherheit auf der Baustelle oberste Priorität haben muss.

SICHERHEIT DER BAUSTELLE

Sicherung von Baustellen

Von Baustellen in städtischen Gebieten geht eine Vielzahl von Gefahren aus. Alle Baustellen müssen bei Tag und Nacht so deutlich gekennzeichnet sein, dass Gefahren eindeutig, einfach und ohne Vorkenntnisse erkannt werden können. > Abb. 6, 7 und 8 Besonders gefährliche Bereiche ● müssen immer so abgesperrt sein, dass sie für Unbefugte unzugänglich sind.

Für die Kennzeichnung an öffentlichen Straßen und Wegen sowie für Sperrungen erlassen die verantwortlichen Behörden Anweisungen zur Aufstellung von zusätzlichen Verkehrszeichen. Darüber hinaus müssen optische Absperrungen so aufgestellt werden, dass der Gefahrenbereich deutlich abgegrenzt wird. Dies gilt für:

- Absperrschranken
- Warnbänder
- Kegel
- Warnbaken

● **Wichtig:** Der Bauleiter ist dafür verantwortlich, dass diese Einrichtungen stets in einwandfreiem Zustand sind. Bei einem Rundgang nach Arbeitsende sollten Bauzäune, Baustelleneingänge und Zufahrten kontrolliert werden.

Abb. 6: Baustellenbeschilderung

Abb. 7: Beispiele für Gebotskennzeichnung (Weiß auf Blau, von links nach rechts: Helmpflicht, Gehörschutz vorgeschrieben, Sicherheitsschuhe vorgeschrieben)

Abb. 8: Beispiele für Verbotskennzeichnung (Schwarz oder Rot auf Weiß, von links nach rechts: offenes Feuer verboten, Lasten abstellen verboten, Betreten verboten)

Abb. 9: Baustelleneinrichtung einer Baustelle in London

Wege auf der Baustelle sind sicher anzulegen und gegebenenfalls mit Geländern zu sichern. Öffentliche Wege, die an der Baustelle vorbei führen, müssen so geschützt werden, dass von der Baustelle keinerlei Gefahr ausgehen kann. Hierzu sind Fußwege eventuell sogar komplett zu überbauen, zu sperren oder umzulegen. > Abb. 9

Unfallschutz auf der Baustelle

Aufgrund der hohen körperlichen Belastungen auf einer Baustelle, des Umgangs mit gefährlichen Materialien, Maschinen und Werkzeugen ist eine gute Organisation des Arbeitsschutzes ein wesentlicher Bestandteil der Baustellenorganisation. Die Grundsätze und die Organisation des Arbeitsschutzes sind aufgrund ihrer Bedeutung durch Gesetze und Verordnungen geregelt. Diese Regelungen beschreiben:

— die innerbetriebliche Organisation und Verantwortung für den Arbeitsschutz im Bauunternehmen;
— die Mitwirkung von Organisationen beim Arbeitsschutz;
— die Aufgaben des Bauherrn.

Verantwortung auf der Baustelle

Der Bauherr ist zur Einleitung und Umsetzung der für Baustellen geltenden Arbeitsschutzmaßnahmen sowohl bei der Planung eines Bauvorhabens als auch bei der Koordinierung der Bauausführung verpflichtet. Da die wenigsten Bauherren diese Pflichten selbst erfüllen können, überträgt der Bauherr diese Aufgabe seinem Bauleiter. Eventuell muss er darüber hinaus einen für diese Tätigkeit besonders ausgebildeten Fachmann, den Sicherheits- und Gesundheitsschutzkoordinator, kurz SiGeKo, beauftragen. Der SiGeKo ist in der EU für alle größeren Baustellen durch eine entsprechende Richtlinie gefordert. Zu den Pflichten des Bauherrn bzw. SiGeKos zählen:

— Berücksichtigung der allgemeinen Grundsätze des Arbeitsschutzes bei der Ausführung des Bauvorhabens
— Ankündigung des Vorhabens bei der Behörde
— Erarbeitung eines Sicherheits- und Gesundheitsschutzplanes bei größeren Baustellen und bei besonders gefährlichen Arbeiten
— Zusammenstellung einer Unterlage für spätere Arbeiten am fertiggestellten Gebäude

SiGeKo

■ **Tipp:** Muss für die Anlieferung und Montage von großen Bauteilen der Fußweg oder die Straße im Bereich der Baustelle für mehrere Stunden oder sogar Tage gesperrt werden, muss dies den Behörden mitgeteilt und genehmigt werden. Entsprechende Hinweise für Anwohner und Passanten sollten mit ein paar Tagen Vorlauf gegeben werden.

Der Bauleiter und der SiGeKo nehmen in der Regel auch eine Einweisung aller Beteiligten in die Gegebenheiten der Baustelle vor. Diese enthält Informationen zu Zufahrten, Baustrom- und Bauwasserregelungen, Sicherheitsbestimmungen, Arbeitsbereichen usw. Die Einweisung sollte durch Protokolle dokumentiert werden.

Pflichtwidriges Verhalten

Die Einhaltung und Umsetzung der Sicherheitsvorschriften auf Baustellen ist gerade für den Bauleiter von besonderer Wichtigkeit. Wird gegen diese Vorschriften verstoßen und kommt es zu einem Unfall, haftet er strafrechtlich persönlich dafür. Dies wird als pflichtwidriges Verhalten bezeichnet. Pflichtwidrig handelt:

- wer es unterlässt, notwendige Anweisungen zu geben;
- wer Kontrollen versäumt;
- wer festgestelltes Fehlverhalten nicht abstellt, obwohl das möglich wäre;
- wer nicht zu beseitigende Missstände nicht weitermeldet;
- wer keine Sicherheitsausrüstung trägt.

Aus pflichtwidrigem Handeln entstehen Haftungsansprüche, wenn:

- ein Personen- oder Sachschaden entstanden ist;
- gegen geltendes Recht verstoßen wurde;
- persönliches Verschulden nachgewiesen wird;
- die übernommene Aufgabe im persönlichen Verantwortungsbereich liegt;
- das eigene Handeln oder Unterlassen den Schaden verursacht hat.

SiGe-Plan

Der Sicherheits- und Gesundheitsschutzplan (SiGe-Plan) ist eine der wesentlichen Unterlagen für den Arbeitsschutz auf Baustellen. Er muss von allen am Bau Tätigen gelesen und verstanden werden können. In diesem Plan sind die zu erwartenden Gefährdungen während des Baustellenbetriebs mit zugehörigen Lösungen wie notwendige Sicherheitseinrichtungen, gegliedert nach Gewerken, dargestellt. Ergeben sich aus den zeitlichen Abhängigkeiten der verschiedenen Arbeiten im Bauablauf Gefährdungen, sind diese ebenfalls darzustellen. Grundlage des SiGe-Plans ist der Termin- und Ablaufplan.

Organisation der Ersten Hilfe

Kommt es auf der Baustelle zu einem Unfall, muss die Organisation der Ersten Hilfe sichergestellt sein. Dies umfasst folgende Punkte:

- Einrichtungen und Hilfsmittel zur Ersten Hilfe, also Verbandskästen, Krankentragen und ggf. ein Sanitätsraum
- Benennung der Ersthelfer mit deren Namen und Aufenthaltsort
- Aushang „Anleitung zur Ersten Hilfe" mit Rufnummern und Adressen des Rettungsdienstes, des Krankenhauses und des Notarztes

Die vorgeschriebene Ausstattung der Baustellen mit Einrichtungen und Hilfsmitteln ist von der Größe der Baustelle abhängig.

Verantwortung der Auftragnehmer

Der Gesetzgeber hat auch den ausführenden Bauunternehmen die Verpflichtung übertragen, ihre Mitarbeiter vor Gefahren für Leben und Gesundheit zu schützen. Die Einhaltung dieser Verpflichtung wird in der Regel durch einen auf der Baustelle verantwortlich arbeitenden, unmittelbaren Vorgesetzten übernommen und muss durch den Bauleiter des Bauherrn überprüft werden.

Ein ausreichender Arbeitsschutz auf Baustellen ist nur durch die Zusammenarbeit aller Beteiligten und das Zusammenwirken der unterschiedlichsten Maßnahmen zu erreichen. Alle Arbeitsplätze, Maschinen und Geräte sind so zu gestalten, dass keine oder nur geringfügige Gefährdungen von ihnen ausgehen. Wenn dies nicht möglich ist, sind persönliche Schutzmaßnahmen als Ergänzung vorzusehen. Außerdem ist auf verbleibende Gefährdungen durch einfache, leicht verständliche Beschilderung hinzuweisen. > Abb. 7 und 8 Arbeiten mehrere Unternehmen gleichzeitig auf einer Baustelle, entstehen zusätzliche Koordinierungspflichten. Die Firmen müssen sich untereinander informieren, ob es bei der Durchführung der Arbeiten zu gegenseitiger Gefährdung kommen kann. Die notwendigen Sicherheitsmaßnahmen sind mit den Beteiligten zu koordinieren. Dies sollte einerseits in den Baubesprechungen, andererseits aber auch direkt auf der Baustelle geschehen. > Kap. Organisation der Baustelle, Projektbesprechung/Baubesprechung

ZUSAMMENARBEIT AUF DER BAUSTELLE

Bauleitung bedeutet den Umgang mit Menschen unterschiedlicher Interessenlagen, Bildung und Herkunft. Der Bauleiter hat nicht nur den Bauherrn zu vertreten, sondern ist für die Koordination der Baustelle verantwortlich. Oftmals muss er daher auch als Moderator auf der Baustelle tätig sein und über Fragen, die zwischen weiteren Fachplanern oder ausführenden Firmen auftreten, verantwortlich und eindeutig entscheiden. In dieser Funktion ist er berechtigt, Anweisungen zu geben, und gegenüber den Auftragnehmern weisungsbefugt. Die Vertragsverhältnisse zwischen dem Bauherrn, dem Bauleiter und den ausführenden Firmen sind schematisch in Abbildung 10 dargestellt.

Wie beschrieben sind je nach Bauaufgabe und Vertrag auch weitere Planer und Sonderfachleute beteiligt und haben die Verpflichtung, die vom Bauherrn beauftragten Firmen zu überwachen und ihre Gewerke betreffend zu koordinieren. > Kap. Qualitätssicherung, Überwachung und Sicherstellung der Qualitäten Die Aufgabe der Gesamtkoordination liegt aber beim bauleitenden Architekten. Die anderen auf der Baustelle tätigen „Bauleiter" werden je nach ihrer Funktion bezeichnet. Leider werden aber diese Bezeichnungen nicht immer und überall einheitlich verwendet. Zu unterscheiden sind:

Weitere Bauleiter

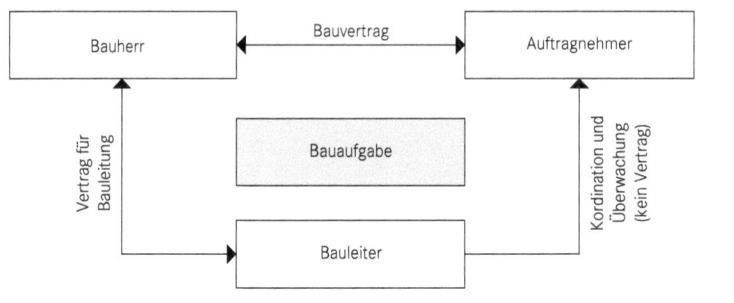

Abb. 10: Vertragsverhältnisse während der Bauausführung

- Bauleitender Architekt, auftraggeberseitiger Bauleiter oder Bauleiter ist der durch den Bauherrn mit der Bauleitung beauftragte Architekt oder Bauingenieur. Er wird hier mit dem Begriff Bauleiter bezeichnet.
- Fachbauleiter ist der durch den Bauherrn mit der Bauleitung seines Gewerkes beauftragte Fachplaner (z. B. für die Haustechnik).
- Auftragnehmerseitiger Bauleiter oder Firmenbauleiter ist der von der ausführenden Firma für die Baustelle eingesetzte verantwortliche Mitarbeiter. Sind mehrere Firmenbauleiter eingesetzt, gibt es in der Regel auch einen gesamtverantwortlichen Oberbauleiter.

In Abbildung 11 ist beispielhaft eine mögliche Organisationsstruktur der Beteiligten dargestellt.

Bauverträge Neben der Verantwortung für die Sicherheit auf der Baustelle bilden die Bauverträge die Grundlage für die Zusammenarbeit. In den Leistungsverzeichnissen wiederum sind als Ausführungsgrundlage in der Regel die für das jeweilige Gewerk geltenden Bestimmungen, Richtlinien und Normen beschrieben und vertraglich vereinbart. In den Bauverträgen können weitere Einzelheiten zur Ausführung festgelegt werden. Hierzu zählen insbesondere die Ausführungstermine, Zahlungsmodalitäten und mögliche Vertragsstrafen bei Überschreitung der vereinbarten Termine. Darüber hinaus werden aber von jedem Auftragnehmer folgende Leistungen bzw. Tätigkeiten grundsätzlich erwartet:

- Der Auftragnehmer führt die Leistung in eigener Verantwortung und im eigenen Betrieb nach dem Vertrag aus.
- Der Auftragnehmer beachtet die anerkannten Regeln der Bautechnik.

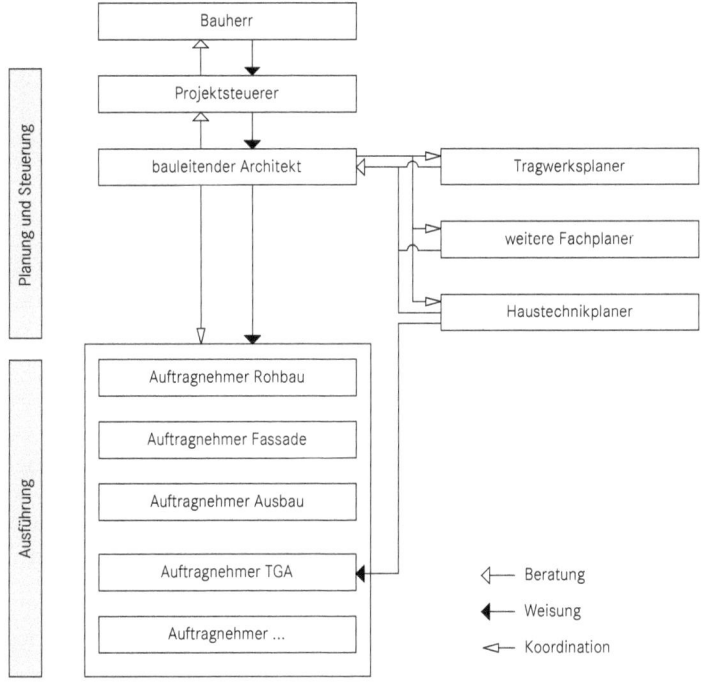

Abb. 11: Organisation der Beteiligten bei der Ausführung

- Der Auftragnehmer hält gesetzliche und behördliche Bestimmungen ein.
- Der Auftragnehmer erfüllt die Verpflichtungen gegenüber seinen Arbeitnehmern, die sich aus gesetzlichen Bestimmungen, behördlichen Verpflichtungen und Bestimmungen der Berufsgenossenschaft ergeben.
- Der Auftragnehmer sorgt für Ordnung an seiner Arbeitsstelle.
- Der Auftragnehmer teilt seine eventuellen Bedenken gegen die vorgesehene Ausführungsart, die vom Auftraggeber gelieferten Stoffe oder Bauteile oder gegen die Leistungen anderer Unternehmer schriftlich mit.
- Der Auftragnehmer schützt seine Leistungen bis zur Abnahme gegen Beschädigung und Diebstahl.
- Der Auftragnehmer ersetzt vom Auftraggeber vor und bei Abnahme gerügte mangelhafte Leistungen durch mangelfreie.
- Der Auftragnehmer hält die vorgesehenen Ausführungsfristen ein.

Rechte der Auftragnehmer

Aus den vertraglichen Vereinbarungen ergeben sich natürlich auch Rechte für die Auftragnehmer gegenüber dem Bauherrn. So hat der Auftragnehmer das Recht, eine ausreichende Sicherung seines Vorleistungsrisikos zu verlangen. Sind zur Erbringung der Leistungen des Auftragnehmers finanzielle Aufwendungen für den Kauf von Baumaterialien erforderlich, kann er einen Nachweis verlangen, dass der Bauherr diese Leistung auch entsprechend der vertraglichen Vereinbarung bezahlen kann.

Organisation der Auftragnehmer

Die Organisation bzw. Hierarchie der Auftragnehmer ist im Grunde bei allen Gewerken ähnlich. Der Firmenbauleiter und der Montageleiter sind für den Bauleiter die Ansprechpartner. Sie sind auch bei den Baubesprechungen anwesend und für die Koordination ihrer Mitarbeiter und gegebenenfalls der Subunternehmer und gegenüber ihrer Firmenleitung für die wirtschaftliche Umsetzung der Planung verantwortlich. Die Vorarbeiter wiederum sind für einzelne Kolonnen verantwortlich.

Nach- bzw. Subunternehmer

Auf fast allen Baustellen ist es üblich, dass der eigentliche Auftragnehmer für Arbeiten, die er nicht direkt ausführen kann oder will, weitere Firmen, so genannte Subunternehmer, beauftragt. Zwischen dem Bauherrn und den Subunternehmern besteht kein Vertragsverhältnis. Für die Beauftragung, Ausführung, Abrechnung und Gewährleistung ist nur die beauftragte Firma verantwortlich. Die Beschäftigung dieser Firmen bedarf der Zustimmung des Bauherrn.

Ordnungssystematik der Bauleitungsunterlagen

Alle relevanten Unterlagen für die Bauleitungstätigkeit müssen auf der Baustelle vorhanden sein. Welche diese sind, hängt ganz von der Bauaufgabe und dem Baufortschritt ab. Um in der Flut von Schriftverkehr, Protokollen, Planunterlagen und Notizen die Übersicht zu behalten, sollte für die notwendigen Ordner eine Systematik verwendet werden. Diese kann wie folgt strukturiert sein:

— Ordner 0: Aktuelle Planunterlagen mit Planliste sowie Planeingang und Planausgang
— Ordner 1: Baugenehmigungsunterlagen mit entsprechendem Schriftverkehr
— Ordner 2: Schriftverkehr Bauherr
— Ordner 3: Schriftverkehr Fachplaner
    — Ordner 3.1: Statiker
    — Ordner 3.2: Haustechnikplanung
    — Ordner 3.3: Brandschutz
    — Ordner 3.4: ...
— Ordner 4: Projektsteuerer
— Ordner 5: Auftragnehmer, jeweils mit Leistungsverzeichnis, Bauvertrag, Schriftverkehr, Rechnungen, Planunterlagen, Aufmaß usw.

- Ordner 5.1: Rohbau
- Ordner 5.2: TGA
- Ordner 5.3: Putzarbeiten
- Ordner 5.4: Estricharbeiten
- Ordner 5.5: …
— Ordner 6: Protokolle Baubesprechung/Projektbesprechung
— Ordner 7: Lieferscheine, Prüfzeugnisse, Nachweise
— Ordner 8: Bautagebuch Bauleitung
— Ordner 9: Bautagebuch Auftragnehmer
— Ordner 10: …

Das Bautagebuch

Um nachvollziehen zu können, wann welche Arbeiten ausgeführt wurden, welche Auftragnehmer mit wie vielen Arbeitern auf der Baustelle waren oder ob es z. B. besondere Vorkommnisse gab, muss der Bauleiter ein Bautagebuch > Abb. 12 führen. Das Bautagebuch sollte täglich aktualisiert werden und neben der Objektbezeichnung folgende Informationen enthalten:

— Datum
— Wetter (Temperatur, Bewölkung, Niederschlag)
— Anwesende Gewerke (Tischler, Maurer, …)
— Anzahl der Handwerker einer Firma, ggf. verantwortlicher Vorarbeiter
— Stichwortartige Beschreibung der ausgeführten Arbeiten
— Eingesetzte Baugeräte oder -maschinen
— Besondere verwendete Materialien (z. B. Farben, Grundierungen)
— Besondere eingebaute Bauteile
— Einbau- und Betriebsanleitungen von eingebauten Geräten (als Anlagen)
— Dokumentation von tatsächlichen oder nur vermuteten Mängeln und Beschädigungen
— Baufortschritte im Allgemeinen (Überblick) und im Detail
— Ausführungspläne, die den Auftragnehmern übergeben wurden
— Fehlende Pläne (falls erforderlich)
— Vereinbarte Planänderungen

Für Bautagebücher der Auftragnehmer gibt es eine Vielzahl von Formblättern, die häufig verwendet werden. > Abb. 13 Als Bauleiter sollte man sich für das Bautagebuch nach Möglichkeit ebenfalls Formblätter mit einer an die Baustelle angepassten Struktur anfertigen. Die ausführenden Firmen werden durch den Bauvertrag normalerweise verpflichtet, ein Bautagebuch zu führen. Dieses muss dem Bauleiter in vereinbarten Abständen übergeben werden.

Bautagebuch Gebäude 55					Mo	Di	Mi	Do	Fr	Sa	So
Datum	05.06.2006							x			
Wetter	Sonne										
min°C	20										
max°C	30										

Anwesende Firmen:		Arbeitskräfte	
1	R&P		11
2	Akustikbau		8
3	Sanitär Müller		15
4	Elektro Schmidt		4
5	Fassadenarbeiten		8
6	Schlosser Huber		5
7	Dachdecker		3
8	BMA		4
9	Malerarbeiten		3
10	Estrich		2

Ausgeführte Arbeiten:
1. Abmauerungen Küche WC Kerne, Vorbereitung Estrich Küche
2. GK 3.-5. OG, Decke Küche
3. Installation Küche, Heizkreise, Heizkörper 3.-4. OG
4. E-Installation Küche, Kern 9-10, Bürobereiche
5. Fassade Büro 3.-5.OG, Verglasung 3.-4.OG, Folienanschlüsse Fassaden Büro
6. Geländer Kantine, Treppe 4-6, Konsolen Treppe 4-6
7. Dachabdichtung Kantine, Restarbeiten Dach Büro
8. Installation Bereich Küche
9. Anstrich Technikräume, Brüstungen Büro, Treppenhaus 9-10
10. Estrich UG

Besuche auf der Baustelle:
SIGEKO, Bau BG

Anordnungen:
Herr Müller, vorbeugender Brandschutz: Entfernung aller Brandlasten (Verpackungsmaterial, Paletten, Richtkranz etc.) aus der Baustelle. Durch Schweißarbeiten besteht erhöhte Brandgefahr.
Notentwässerung instand setzen (Fa. R&P)

Besonderheiten:
Starke Regenfälle in der Nacht
Dach des 2. Bauabschnitts undicht
Notentwässerung beschädigt

Abb. 12: Bautagebuchseite, Bauleitung

Bautagebuch	Baustelle:	Seite Nummer:
Tag: 05.06.06	Gebäude 55	34862

Bauführer:	Rennemann / Müller	Wetter: Sonne	max.:	20°C
Polier:	Lurchi / Stockberg		min.:	30°C

Arbeitskräfte-Einsatz / Geräte Einsatz

	Anzahl	Ges. Std.	
Aufsicht	2	11	
Vorarbeiter			
Facharbeiter	7	60	
Maschinist			
Schlosser			
Helfer	2	17	
Summe	11	88	

Vertragliche Leistungen

LV-Nr.	Menge	Text	Aufwand
		Mauerwerk in Sanitärräumen Achse 4-6 d=9,5cm in Bims im 1.OG erstellt	
		F90 Mauerwerkswände Achse 9-10 im 5.OG d=11,5cm in KS erstellt	
		Installationswände im 4. und 5. OG Achse 4-6 aus Porenbeton erstellt	
		Spülkästen und Rohrleitungen eingemauert	

Außervertragliche Leistungen

Sockel für Installationswände in Sanitärräumen Achse 4-6, 2.-4. OG ausgeschalt
Türöffnung im 2.OG in Wand Achse 9 ausgestemmt und Schutt abtransportiert

Sonstiges + Prüfungen

Notentwässerung geprüft und instand gesetzt

Rennemann	Rusch
Unterschrift Fa. R&P	für den Auftraggeber

Abb. 13: Bautagebuchseite, Auftragnehmer

PROJEKTBESPRECHUNG/BAUBESPRECHUNG

Eine komplexe Bauaufgabe lässt sich nur durch die Zusammenarbeit aller Beteiligten bewältigen. Zur Organisation der Zusammenarbeit kann sich der Bauleiter, je nach Aufgabe, unterschiedlicher Mittel bedienen. Dazu gehören:

— Projektbesprechung
— Baubesprechung
— Protokolle
— Direktes Gespräch
— Brief, Fax, E-Mail
— Telefongespräche
— Fotodokumentation
— Skizzen und Zeichnungen
— Ablauf- und Kostenpläne
— Baustellenbegehung/Ortsbesichtigung

Zwar sind formal alle relevanten Vereinbarungen in den Bauverträgen erfasst, aber trotzdem ist es während der Bauarbeiten erforderlich, weitere Absprachen zu treffen. Da dies oftmals Detailabstimmungen zu Schnittstellen zwischen den Gewerken betrifft, werden diese in den Projekt- und Baubesprechungen vorgenommen. > Abb. 14 und 15 Die dazu verfassten Protokolle sind bindend und je nach Vereinbarung Vertragsbestandteil der weiteren Ausführung. Um Besprechungen zielgerichtet zu organisieren, gibt die Tabelle 1 eine Übersicht.

Projektbesprechung Projekt- und Baubesprechungen sollten in regelmäßigen Abständen stattfinden. An der Projektbesprechung nehmen neben dem Bauleiter auch der Projektleiter (falls dieser nicht gleichzeitig der Bauleiter ist), der Bauherr, der Projektsteuerer und eventuell auch die Projekt- bzw. Bauleiter der weiteren Fachplaner teil. In der Projektbesprechung wird der Bauherr über die aktuelle Situation auf der Baustelle hinsichtlich des Planungs- bzw. Baufortschritts, der Kostenentwicklung sowie der Terminsituation informiert. Falls erforderlich, wird im Rahmen der Projektbesprechung über Änderungen von Terminen, Kosten oder Qualitäten entschieden. Sind Entscheidungen erforderlich, die nur der Bauherr treffen kann, müssen diese durch den Bauleiter für die Projektbesprechung so vorbereitet werden, dass sie schnell und eindeutig getroffen werden können.

Baubesprechung Mit der Beauftragung der ausführenden Firmen muss der Bauleiter eine regelmäßige Baubesprechung organisieren. An den Baubesprechungen nehmen die Fachbauleiter und Baustellenverantwortlichen der Auftragnehmer teil. Zu Beginn und gegen Ende der Baumaßnahme sind oftmals Termine im zweiwöchigen Rhythmus, während der Hauptbauzeit wöchentlich erforderlich. Die gemeinsame Begehung der Baustelle ist ein

Projekt: Neubau Gebäude 33, Karlsbad AG, München					Teilnahme erforderlich / Einladung	anwesend	zeitweise von – bis	Zeichen
Baubesprechung Nr 12: Einladung *) / Protokoll								
Termin: 03.07.2007				Bauherr	x			
				Architekt	x			
Ort: Baustelle, Container Bauleitung				Bauleiter TGA	x			
				Bauleiter GU	x			
Beginn: 9:00 Uhr				NU Rohbau	x			
				NU Ausbau	x			
Ende: 12:00 Uhr				NU Sanitär	x			
Verteiler				NU Lüftung				
zusätzlich: ☒ wie Teilnehmer				NU Elektro	x			

Einladung			Protokoll	
Tagesordnungspunkt	Vorbereitung durch	Ziel		Erledigung
Abgleich Schriftverkehr seit 18.06.07	GU	Gleiche Aktenlage		
Auswirkung Hochwasserschäden auf die Termine	GU NU Ausbau	Feststellung Verzögerung / Beschleunigung		
Bemusterung Ausbauqualitäten	GU NU Ausbau NU Sanitär	Festlegung Ausführung		
usw.				

Abb. 14: Beispiel einer Einladung zur Baubesprechung

Projekt: Neubau Gebäude 33, Karlsbad AG, München					Teilnahme erforderlich / Einladung	anwesend	zeitweise von – bis	Zeichen
Baubesprechung Nr 12: Einladung *) / Protokoll								
Termin: 03.07.2007				Bauherr	x	x		SD
				Architekt	x	x		FD
Ort: Baustelle, Container Bauleitung				Bauleiter TGA	x	x	10:00–11:00	KL
				Bauleiter GU	x	x		OL
Beginn: 9:00 Uhr				NU Rohbau	x	x		WS
				NU Ausbau	x	x		AS
Ende: 12:00 Uhr				NU Sanitär	x	x		VE
Verteiler				NU Lüftung				
zusätzlich: ☒ wie Teilnehmer				NU Elektro	x	x	10:30–11:00	TH

Einladung			Protokoll	Erledigung	
Tagesordnungspunkt	Vorbereitung durch	Ziel	Festlegung Ergebnis Vereinbarung	Wer	Termin
Abgleich Schriftverkehr seit 18.06.07	GU	Gleiche Aktenlage	Festlegung Ergebnis Vereinbarung	GU u. alle NU	bis 05.07.07
Auswirkung Hochwasserschäden auf die Termine	GU NU Ausbau	Feststellung Verzögerung / Beschleunigung	Architekt bekommt Kopie der Behinderungsanzeige vom 14.06.07	Bauherr u. GU	bis 07.07.07
Bemusterung Ausbauqualitäten	GU NU Ausbau NU Sanitär	Festlegung Ausführung	Bauherr bemustert (gemeinsam mit Architekt)	Bauherr u. Architekt	bis 10.07.07
usw.					

Abb. 15: Beispiel einer Einladung mit Eintragung der Baubesprechungsergebnisse als Protokoll

Tab. 1: Grundsätze zur Organisation der Projekt- und Baubesprechung

Grundsätzliche Fragen	Ist diese Besprechung notwendig, oder gäbe es bessere Möglichkeiten zur Problemlösung? (Was würde ohne diese Beratung passieren?) Ist der Aufwand (Arbeitszeit aller Beteiligten) für den erreichbaren Effekt angemessen?
Ziel der Besprechung?	Besprechungen nur, wenn etwas in Bewegung kommen soll. Ist der Termin nur für den Bauleiter oder für alle Teilnehmer von Wert? Welche Ergebnisse werden erwartet?
Vorbereitung der Besprechung	Tagesordnung festlegen, Schwerpunkte bestimmen Ziele schriftlich festlegen Vorgehen und Mittel bestimmen Verantwortung für die Vorbereitung einzelner Punkte klären Welche Teilnehmer sind nötig? Muss jeder Teilnehmer bei jedem Punkt anwesend sein? Mit der Einladung die Tagesordnung vorgeben
Organisation der Besprechung	Teilnehmerkreis auf die notwendigen Teilnehmer beschränken Wenn nötig, Einzelbesprechungen organisieren Tagesordnung vorgeben und einhalten
Besprechungsleitung	Zeitgewinn durch klare Gesprächsleitung Ziel im Auge behalten Zeitbudget im Auge behalten Nebensächlichkeiten vermeiden - roten Faden durchsetzen Bei größeren Teilnehmerzahlen Zwiegespräche unterbinden Konsens anstreben
Ergebnisse/Protokoll	Geeignete Protokollform wählen (Ergebnisse oder Weg der Diskussion im Protokoll?) Protokoll zeitnah nach der Besprechung erstellen Verantwortliche im Protokoll eindeutig benennen Termine im Protokoll eindeutig vereinbaren

Teil der Baubesprechung. Detailfragen zur Ausführung oder Schnittstellenkoordination lassen sich oftmals nur vor Ort klären.

Einladung/Protokoll

Die Form der Einladung und des Protokolls der Besprechungen muss alle relevanten Punkte eindeutig und übersichtlich darstellen. Die Form sollte so gewählt sein, dass die Protokollierung der Ergebnisse systematisch und schnell erfolgen kann. Jeder Teilnehmer erhält mit der Einladung eine tabellarische Übersicht der Tagesordnungspunkte. > Abb. 14 Die Ergebnisse der Besprechung können im dargestellten Beispiel direkt in die Tabelle > Abb. 15 eingetragen werden. Im einfachsten Falle erhält jeder Teilnehmer im Anschluss an die Besprechung eine Kopie dieses Protokolls. Nur bei schwierigen Sachverhalten werden die ergänzenden Protokollteile später erstellt. Diese sollten dann erläuternde Skizzen, Fotos oder Datenblätter usw. enthalten.

In jedem Fall sind für die Einladung und das Protokoll folgende Elemente aufzunehmen:

— Bauvorhaben
— Leistungen, Gewerke
— Ort der Sitzung (bei Baustellenterminen mit oder ohne Begehung der Baustelle)
— Beginn, Ende
— Teilnehmer (ggf. Funktionen und Vollmachten)
— Verteiler des Protokolls (Festlegung interner Verteiler; wichtig: auch nicht anwesende Dritte erhalten das Protokoll)
— Gesprächsinhalte (hier besteht Auswahlmöglichkeit)
— Charakter der Gesprächspunkte (z. B. Information, Vereinbarung, Billigung, Vorbereitung einer Entscheidung)
— Besprechungsgrundlage (Pläne, Protokolle usw.)

■ **Tipp:** Zur Baustellenbegehung sollte der Bauleiter einen Ordner mit den relevanten Plänen (eventuell auch in Form von Verkleinerungen) mit sich führen. Zur Ergänzung der Protokolle und Dokumentation des Baufortschritts ist es hilfreich, eine Digitalkamera zur Hand zu haben. Des Weiteren gehören ein Mobiltelefon, der Zollstock, Bleistift oder Markierungskreide, eventuell ein Diktiergerät sowie die für alle vereinbarte persönliche Schutzausrüstung wie Sicherheitsschuhe und Bauhelm zur Ausstattung.

○ Die Besprechungsergebnisse müssen mit Ziel, Termin und Verantwortlichkeit festgelegt werden. Besonders wichtige Protokolle müssen von den Beteiligten gemeinsam unterschrieben werden. Bei diesen Protokollen (z. B. Verhandlungsprotokoll und Abnahmeprotokoll) muss auch klar sein, wie viele Seiten das Protokoll hat.

Tab. 2: Die Verständigungsproblematik

Gesagt	bedeutet nicht	→	gehört
Gehört	bedeutet nicht	→	verstanden
Verstanden	bedeutet nicht	→	einverstanden
Einverstanden	bedeutet nicht	→	angewendet
Angewendet	bedeutet nicht	→	beibehalten

○ **Hinweis:** Auch wenn auf der Baustelle ein kollegiales Verhältnis unter allen Beteiligten herrscht, muss bei Besprechungs- und Abnahmeprotokollen sowie allen kosten- und terminrelevanten Vereinbarungen Eindeutigkeit herrschen. Sollte es zu Streitigkeiten kommen, zählt das gute Verhältnis unter den Beteiligten nichts mehr. Entscheidend sind dann schriftliche Vereinbarungen, d. h. nur die Aktenlage.

Termin- und Ablaufplanung

Die Termin- und Ablaufplanung gehört zu den wichtigsten Anforderungen an den Bauleiter. Die baustellenrelevanten Termine müssen ermittelt und alle Abläufe in technologischer, räumlicher und zeitlicher Abhängigkeit organisiert werden. Hierzu bedarf es einiger Erfahrungen aus der Baupraxis. Allerdings wird aufgrund der unzähligen Einflussfaktoren der spätere Ablauf immer von diesen Planungen abweichen.

Um die geplanten Termine einhalten zu können, ist es besonders wichtig, dass Informationen über mögliche Abweichungen zu einem Zeitpunkt vorliegen, an dem eine Steuerung des Baugeschehens noch möglich ist. Je früher Abweichungen erkannt werden, umso mehr Möglichkeiten gibt es, diese auszugleichen. Die Termin- und Ablaufplanung sowie deren Steuerung ist eine der drei Hauptaufgaben der Bauleitung. Der Bauleiter wird daran gemessen, ob und wie es ihm gelingt, die vorgesehene Bauzeit einzuhalten.

BEGRIFFE DER TERMIN- UND ABLAUFPLANUNG

Alle Terminpläne bestehen aus Vorgängen und Ereignissen sowie deren Beziehung zueinander.

Unter einem Vorgang wird ein Geschehen verstanden, das durch einen Anfang, eine Dauer und ein Ende definiert ist. Ein typischer Vorgang im Terminplan ist z. B. „Malerarbeiten". Vorgang

Ein Ereignis ist ein Ablaufelement, dem keine Dauer zugeordnet ist. Besonders wichtige Ereignisse werden als Meilensteine bezeichnet und in die Terminplanung aufgenommen. Meilensteine sind z. B. der Baubeginn, der Fertigstellungstermin oder im Bauablauf die Fertigstellung der Gebäudehülle. Ereignis/ Meilenstein

Bei fast jeder Bauaufgabe ergeben sich, je nach Wichtigkeit des Gebäudes für den Bauherrn, Ereignisse, die im Bauablauf als Meilenstein eine besondere Rolle spielen. Besondere Ereignisse für den Bauherrn

Mit dem symbolischen Spatenstich beginnt die Phase der Bauausführung. Zum Spatenstich werden bei großen und für die Öffentlichkeit wichtigen Bauvorhaben durch den Bauherrn der spätere Nutzer oder Mieter und offizielle Vertreter aus Politik und Wirtschaft eingeladen. Spatenstich

Die Grundsteinlegung erfolgt meistens nach der Fertigstellung der Baugrube und vor den ersten Betonarbeiten. Dabei wird im Grundstein, der unter dem späteren Gebäude liegt, ein Gefäß mit Zeitzeugnissen wie z. B. einer Tageszeitung, Fotos des Baugeländes oder einigen Münzen deponiert. Grundsteinlegung

Das Richtfest wird gefeiert, wenn der Rohbau und der Dachstuhl des neuen Gebäudes errichtet sind. Es findet traditionell in der Arbeitszeit um die Mittagszeit statt. Je nach Region werden verschiedene Richtfest

Zeremonien durchgeführt, um dem Gebäude und dem Bauherrn Glück zu wünschen. Das Richtfest wird durch den Bauherrn ausgerichtet, um allen Beteiligten für die geleistete Arbeit zu danken.

Einweihung/ Eröffnung

Ist das Gebäude endgültig fertiggestellt, findet die Einweihung oder Eröffnung statt. Im Gegensatz zum Richtfest ist die Einweihung nicht mit festgelegten Ritualen verbunden. Der Bauherr dankt in der Regel allen, die zur Fertigstellung beigetragen haben, und stellt das Gebäude der Öffentlichkeit vor.

DURCHFÜHRUNG DER TERMIN- UND ABLAUFPLANUNG

Die Aufgabe des Bauleiters ist es, mit Hilfe der Termin- und Ablaufplanung alle auf der Baustelle tätigen Firmen zu koordinieren. Es muss jedem klar sein, wann er welche Arbeit erledigen muss, damit die anschließenden Arbeiten begonnen werden können. Wie die Arbeiten im Einzelnen ausgeführt werden, liegt in der Verantwortung der Firmen.

Um die Termine der Baustelle organisieren zu können, ist es erforderlich, alle für die Erfüllung der Bauaufgabe notwendigen Vorgänge und Abläufe sowie deren Abhängigkeiten untereinander zu kennen. Hierzu werden im Prinzip drei Planungen durchgeführt:

Ablaufplanung

Im ersten Schritt wird die Ablaufplanung vorgenommen, die alle für den jeweiligen Ablaufplan relevanten Vorgänge und Ereignisse ermittelt und organisiert. Ziel ist es, Abhängigkeiten zwischen den Vorgängen zu erkennen. Dabei werden sie in ihrer logischen und dem Bauablauf entsprechenden Reihenfolge sortiert. Die Festlegung, welche Vorgänge erfasst werden, hängt ebenfalls vom Zweck der Terminplanung ab. Will man ermitteln, wann welche Firmen auf der Baustelle tätig sind, werden alle Vorgänge, die einzelne Firmen betreffen, zusammengefasst.

Dauerplanung

Sind die Vorgänge und Abhängigkeiten ermittelt, geht es im zweiten Schritt in der Dauerplanung darum, auf Grundlage der insgesamt zur

● **Beispiel:** Die Dauer eines Vorgangs wird ermittelt, indem die für den Vorgang zu erbringende Menge (z. B. in m^2 oder m^3) mit einem so genannten Aufwandswert multipliziert wird. Der Aufwandswert gibt an, wie viel Zeit im Durchschnitt benötigt wird, um die Leistung zu erbringen. Für die Erstellung eines Quadratmeters Mauerwerk sind Aufwandswerte von 1,40–2,0 h/m^2 typisch. Für die verschiedenen Aufwandswerte gibt es in der Literatur umfangreiche Listen; hilfreich sind darüber hinaus eigene Erfahrungswerte.

○ **Hinweis:** Weitere und ausführliche Informationen zu den verschiedenen Darstellungsarten der Terminpläne sowie deren Erstellung finden sich in *Thema: Baukosten- und Terminplanung* von Bert Bielefeld und Thomas Feuerabend, erschienen im Birkhäuser Verlag, Basel 2007.

Verfügung stehenden Bauzeit die mögliche Dauer der Einzel- und Sammelvorgänge zu ermitteln.

Bei der Terminplanung werden der Ablaufplanung die in der Dauerplanung ermittelten Dauern zugeordnet und mit konkreten Terminen versehen. Dadurch können der Beginn und das Ende aller Vorgänge ermittelt werden.

Terminplanung

Terminplandarstellung

Je nach Zweck, Nutzer und Bauaufgabe bieten sich verschiedene Darstellungsarten von Terminplänen an. Grundsätzlich werden die vier Darstellungsarten Balkenplan, Liniendiagramm, Netzplan und die Terminliste unterschieden. > Abb. 16 Für Hochbauprojekte wird mittlerweile normalerweise der Balkenplan verwendet.

Bei Balkenplänen werden auf der senkrechten Achse die Vorgänge und Ereignisse aufgelistet. Die waagerechte Achse ist die Zeitachse. Jeder Vorgang wird durch einen Balken dargestellt, dessen Länge der Dauer des Vorgangs entspricht. Dieser Systematik folgend, werden Ereignisse und Meilensteine als Vorgang ohne Dauer dargestellt. Voneinander abhängige Vorgänge werden mit Pfeilen verbunden. Vorteile des Balkenplanes sind die auch für Laien einfache Lesbarkeit und die gute Anschaulichkeit. Er eignet sich darüber hinaus gut für Gesamtübersichten. > Abb. 17

Balkenplan

Der Balkenplan stellt bei Hochbauprojekten mittlerweile die gebräuchlichste Terminplandarstellung dar. Für die Erstellung von Terminplänen, insbesondere Balkenplänen, steht eine Vielzahl von Computerprogrammen zur Verfügung.

Die einfachste Darstellungsform einer Terminplanung ist die Terminliste. Auch sie erlaubt, je nach Verwendungszweck und Nutzer Vorgänge und Ereignisse in unterschiedlicher Darstellungstiefe abzubilden. Bei der Erstellung von Terminlisten sollten die Vorgänge so erfasst werden, dass sie nach verschiedenen Kriterien, etwa nach Gewerken oder Bauabschnitten, sortiert werden können. Problematisch ist die Darstellung von Abhängigkeiten zwischen den Vorgängen, die nur durch zusätzliche textliche Erläuterungen erfasst werden können.

Terminliste

Die Darstellungsformen Netzplan und Liniendiagramm bzw. Volumen-Zeit-Diagramm sind beispielhaft in Abbildung 16 dargestellt, werden hier aber nicht weiter erläutert, da sie bei normalen Hochbauprojekten nur eine untergeordnete Rolle spielen.

Netzplan und Liniendiagramm

Terminplanarten

Je nach Detailtiefe der Terminpläne werden verschiedene Terminplanarten unterschieden. Die Detailtiefe kann sich auf die Feinheit der Zeiteinteilung (von Monaten über Wochen bis zu Tagen und Stunden) oder die Differenziertheit der Vorgänge beziehen.

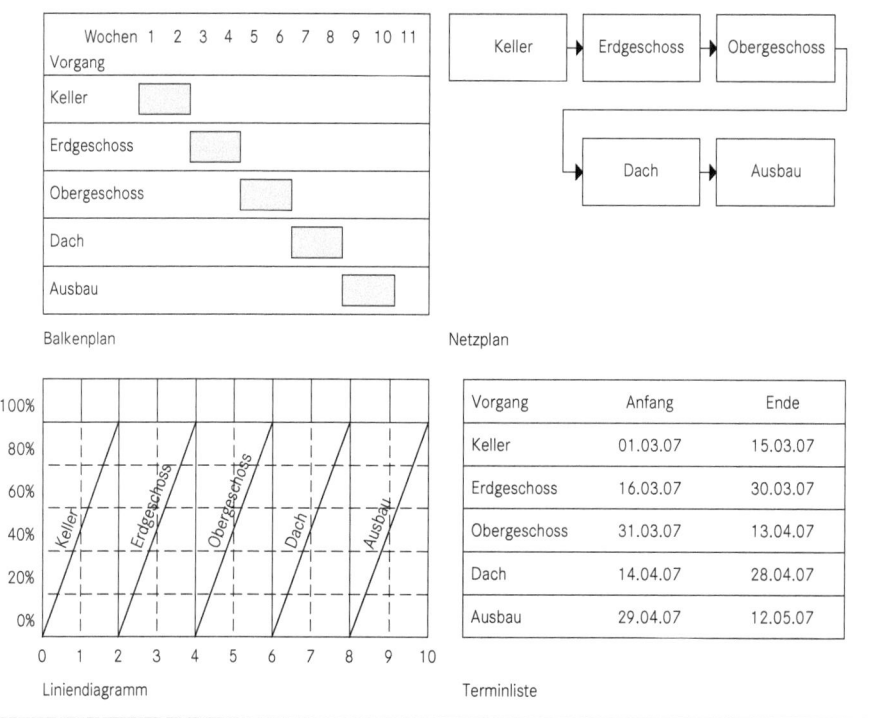

Abb. 16: Darstellungsarten der Terminplanung

Rahmenterminplan Der Rahmenterminplan wird zum Beginn des Projektes durch den Bauherrn oder Planer erstellt. In diesem Terminplan wird der gesamte Zeitraum dargestellt, in dem das Projekt realisiert wird. Im Rahmenterminplan sind in der Regel die Terminvorgaben des Bauherrn formuliert. Als grobe Struktur ist folgende Aufteilung denkbar:

— Projektvorbereitung
— Planung
— Ausführung
— Einzug
— Nutzung

Grobterminplan In der Regel wird bei der Erstellung des Leistungsverzeichnisses durch den Architekten ein Grobterminplan entwickelt. Die dort ermittelten Termine werden in die Leistungsverzeichnisse aufgenommen, um als Vertragsbestandteil mit den ausführenden Bauunternehmen vereinbart zu werden. Der Grobterminplan ist die Grundlage der Terminplanung für

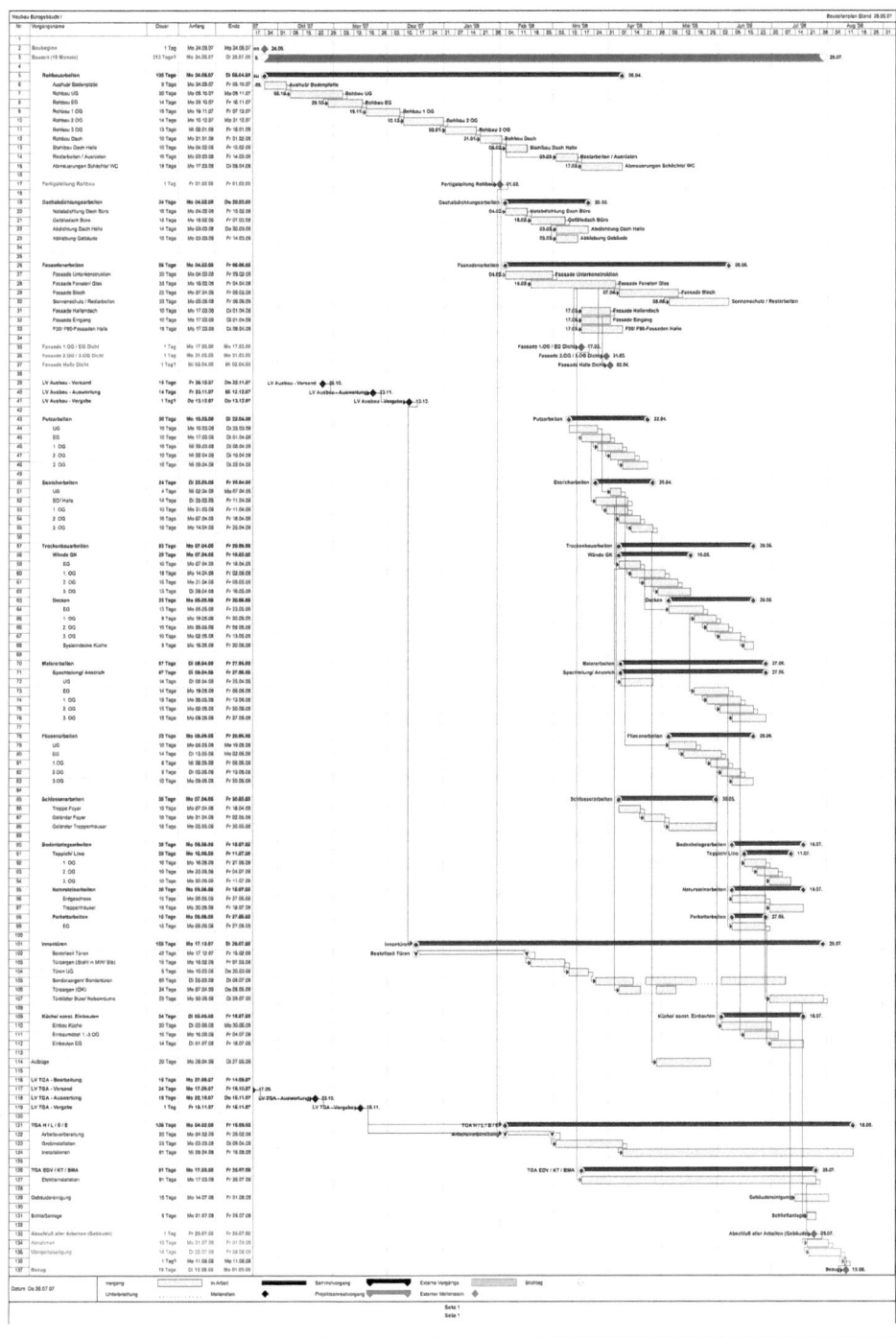

Abb. 17: Beispiel eines Balkenplans

den Bauleiter. Hier werden neben den wichtigsten Meilensteinen nur Sammelvorgänge beziehungsweise Gewerkegruppen erfasst. Beispiele für Gewerkegruppen sind:

- Vorbereitende Maßnahmen
- Rohbau
- Gebäudehülle
- Ausbau
- Haustechnik
- Abschließende oder nachlaufende Maßnahmen

In den Gewerkegruppen sind alle zum Rohbau gehörenden Gewerke wie die Beton- und Stahlbetonarbeiten, Mauerwerksarbeiten und Stahlbauarbeiten zusammengefasst. > Tab. 3

Feinterminplan Für den Feinterminplan werden die verschiedenen Gewerke als Gliederung genutzt. Ist das Gebäude für den Bauablauf in Bauabschnitte eingeteilt, werden die Vorgänge in diesem Terminplan entsprechend aufgeteilt. > Kap. Termin- und Ablaufplanung, Terminsteuerung Die im Feinterminplan dargestellten Vorgänge müssen unter Berücksichtigung der technologischen und räumlichen Abhängigkeiten verknüpft werden. > Abb. 18

Die Vorgänge der Feinterminplanung können auf der Grundlage der in den Leistungsverzeichnissen erfassten Gewerke und Titel geplant werden. So ist sichergestellt, dass keine wichtigen Vorgänge vergessen werden. Eine mögliche Struktur ist, der Systematik der in Deutschland gebräuchlichen VOB/C folgend, in Tabelle 3 dargestellt. In den weiteren Spalten ist eine Zuordnung zu den Gewerkegruppen erfolgt.

● **Beispiel:** Eine technologische Abhängigkeit besteht z. B. zwischen den Estricharbeiten und dem Verlegen von Parkett auf diesem Estrich. Vor dem Verlegen des Parketts muss der Estrich so weit ausgetrocknet sein, dass die Feuchtigkeit im Estrich das Parkett nicht mehr beschädigen kann. Eine räumliche Abhängigkeit ergibt sich z. B. durch die Tatsache, dass in einem Raum nicht gleichzeitig Maler- und Bodenbelagsarbeiten ausgeführt werden können.

Tab. 3: Gewerke und Zuordnung in Gewerkegruppen

Gewerk	Gewerkegruppe				
	V	RB	GH	IA	HT
Erdarbeiten	x	x			
Verbauarbeiten	x	x			
Wasserhaltungsarbeiten	x	x			
Entwässerungskanalarbeiten	x				
Dränarbeiten	x	x			
Mauerarbeiten		x			
Betonarbeiten		x			
Naturwerksteinarbeiten				x	
Betonwerksteinarbeiten				x	
Zimmer- und Holzbauarbeiten			x		
Stahlbauarbeiten		x	x		
Abdichtungsarbeiten		x	x		
Dachdecker- und Dachabdichtungsarbeiten			x		
Klempnerarbeiten			x		
Trockenbauarbeiten				x	
Wärmedämmverbundsysteme			x		
Betonerhaltungsarbeiten		x	x		
Putz- und Stuckarbeiten			x	x	
Fassadenarbeiten			x		
Fliesen- und Plattenarbeiten				x	
Estricharbeiten				x	
Gussasphaltarbeiten				x	
Tischlerarbeiten				x	
Parkettarbeiten				x	
Beschlagarbeiten				x	x
Rollladenarbeiten				x	
Metallbauarbeiten				x	x
Verglasungsarbeiten				x	x

Tab. 3: Gewerke und Zuordnung in Gewerkegruppen

Gewerk	Gewerkegruppe				
	V	RB	GH	IA	HT
Maler- und Lackierarbeiten				x	
Korrosionsschutzarbeiten an Stahl- und Aluminiumbauten		x	x		
Bodenbelagsarbeiten				x	
Tapezierarbeiten				x	
Raumlufttechnische Anlagen					x
Heizanlagen und zentrale Wassererwärmungsanlagen					x
Gas-, Wasser-, Entwässerungsanlagen					x
Nieder- und Mittelspannungsanlagen					x
Blitzschutzanlagen					x
Förderanlagen, Aufzugsanlagen, Fahrtreppen und Fahrsteige					x
Gebäudeautomation					x
Dämmarbeiten an technischen Anlagen					x
Gerüstarbeiten	x	x			x

Abkürzungen: V = vorlaufende Arbeiten, RB = Rohbau, GH = Gebäudehülle, IA = Innenausbau, HT = Haustechnik

Detailterminplan Ein Detailterminplan kann zur Koordination bei räumlich beengten Situationen mit vielen Beteiligten oder bei starkem Termindruck notwendig werden. Die Einteilung der Zeitskala kann bei Detailterminplänen bis zur Darstellung von Stunden reichen. > Abb. 19

○ **Hinweis:** Je nach Terminplanart sind zusammengehörende Einzelvorgänge zu Sammelvorgängen zusammengefasst, um Gesamtabläufe übersichtlicher darstellen zu können. Ein Vorgang ist im Feinterminplan z. B. die Erstellung des Trockenbaus. Im Detailterminplan fasst der Sammelvorgang Trockenbau die Vorgänge Ständerwerk und Beplankung 1. Seite, Elektroarbeiten, Beplankung 2. Seite usw. zusammen.

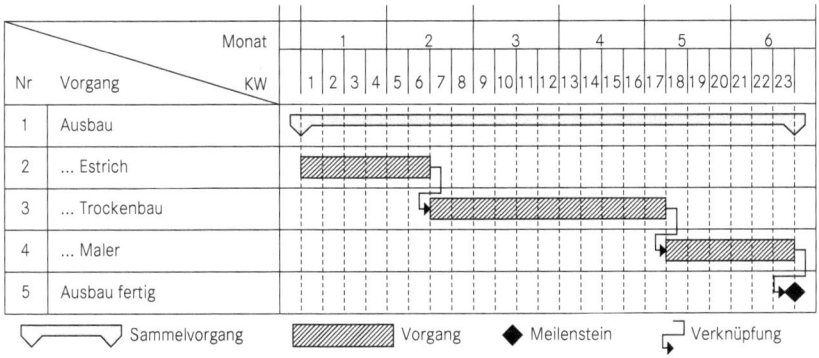

Abb. 18: Sammelvorgang und Einzelvorgang am Beispiel Feinterminplan Ausbau

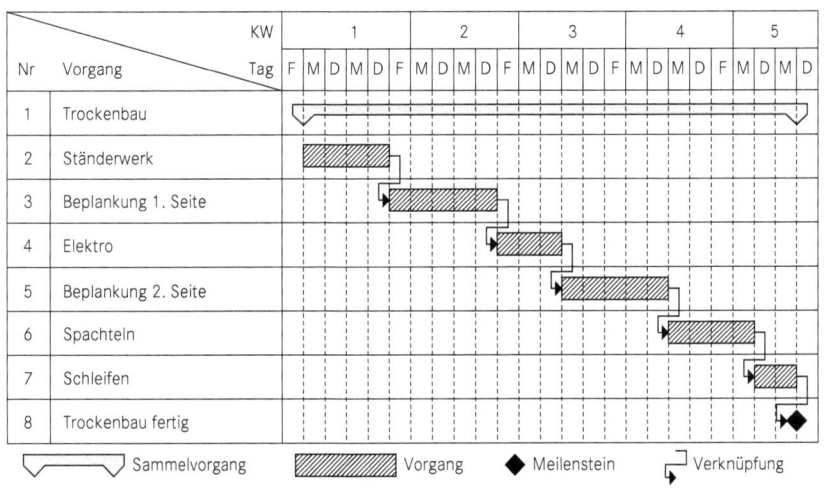

Abb. 19: Sammelvorgang und Einzelvorgang am Beispiel Detailterminplan Trockenbau

TERMINPRÜFUNG

Der Fertigstellungszeitpunkt eines Objektes kann durch die unterschiedlichsten Anforderungen bestimmt sein. Einige Beispiele zeigt Tabelle 4. Der Bauleiter muss zunächst prüfen, wodurch der vom Bauherrn genannte Fertigstellungszeitpunkt bestimmt wird. Gibt es einen unveränderbaren Zwang für den Fertigstellungstermin, kann darüber nicht verhandelt werden.

Tab. 4: Beispiele für die Bestimmung eines Fertigstellungstermins

Bauobjekt	Mögliche Vorgaben für den Fertigstellungstermin
Stadion	Meisterschaften
Laden/Kaufhaus	Weihnachtsgeschäft
Schule	Schuljahresbeginn
Fernstraße	Ferienbeginn
Kraftwerk	Beginn der Heizperiode
Rathaus	Wirtschaftliche Bauzeit
Werkhalle	Produktionsbeginn (Wirtschaftlichkeitsanalyse)

Plausibilitätsprüfung der Terminvorgaben

Ob die Einhaltung der Vertragstermine möglich ist, sollte von allen Vertragsparteien vor Vertragsabschluss durch eine einfache Plausibilitätsprüfung geprüft werden. Dies gilt sowohl für den Bauleiter, der die gesamte Bauzeit prüfen muss, als auch für die Auftragnehmer, die für die Realisierbarkeit ihres Gewerkes verantwortlich sind. Dabei sollten grundsätzlich folgende Fragen beachtet werden:

— Kann das Bauvorhaben in der zur Verfügung stehenden Zeit realisiert werden?
— Sind alle vorgesehenen Bauteile innerhalb der Bauzeit lieferbar?
— Welche externen Faktoren (z. B. beengte Verhältnisse, starker Straßenverkehr) beeinflussen den Ablauf?

Für die Plausibilitätsprüfung gibt es unterschiedliche Möglichkeiten. Die einfachste für den Bauleiter ist der Vergleich mit bereits gebauten Objekten. In der Literatur finden sich Listen und Übersichten bereits gebauter Objekte. In diesen Listen sind nicht nur Pläne, Fotos und Kosten, sondern im Regelfall auch die Bauzeit angegeben. Die Nutzung von vergleichbaren Objekten ist für Plausibilitätsprüfungen eine einfache und schnelle Hilfe. Stellt sich heraus, dass der gewünschte Fertigstellungstermin nicht zu erreichen ist, muss der Bauherr unmissverständlich darauf hingewiesen werden.

Terminabhängigkeit einzelner Bauteile oder Gewerke

Die Bindung an einen zwingend einzuhaltenden Vertragstermin kann nicht nur für den Fertigstellungstermin, sondern auch für einzelne Bauabschnitte oder einen bestimmten Bauzustand gegeben sein.

- Um die Vielzahl der einzelnen Gewerke koordinieren zu können, muss der Bauleiter auch für das einzelne Unternehmen klare Terminvorgaben machen. Dabei ist die Planung der einzelnen Vorgänge innerhalb eines

Gewerkes für den Bauleiter nur dann von Interesse, wenn hiervon weitere Arbeiten anderer Gewerke abhängen. Dies wird besonders bei den Ausbauarbeiten wichtig, da in dieser Bauphase sehr viele verschiedene Firmen auf der Baustelle tätig sind. ∎

Behinderungen

Während der Ausführung treten erfahrungsgemäß eine Reihe von Änderungen ein, die sich teilweise auf Qualitäten, Termine und Baukosten auswirken. Je nachdem, durch wen diese Änderungen verursacht wurden, haben die ausführenden Firmen das Recht, Bauzeitverlängerungen und die damit verbundenen Mehrkosten geltend zu machen. Die Prüfung der Ansprüche erfolgt durch den Bauleiter.

Die Bauausführung kann durch Umstände behindert werden, die auf Veranlassung oder Verschulden des Bauherrn zurückgehen, durch Umstände, die der Bauunternehmer zu vertreten hat, und durch Umstände, die weder der Bauherr noch der Bauunternehmer zu vertreten haben.

Zu den Umständen, die der Auftraggeber zu verantworten hat, gehören:

— fehlende Genehmigungen,
— fehlende Absteckung der Hauptachsen und fehlende Höhenfestpunkte,
— fehlende Entscheidungen des Bauherren z. B. zur Ausführung von Alternativpositionen,
— unzureichende Koordinierung der von ihm beauftragten Bauunternehmen,
— unvollständige oder mangelhafte Leistungen des Architekten oder anderer Planer,
— fehlende Sicherheiten durch den Auftraggeber, die vereinbart oder gefordert, aber nicht gestellt wurden,

● **Beispiel:** Im Industriebau werden in den noch nicht fertigen Baukörper Maschinen und größere Aggregate eingesetzt, bevor die Außenwände oder Dächer gebaut werden. Aufgrund der Größe dieser Einbauten ist ein späterer Transport durch Fenster oder Tore des Objektes nicht möglich.

∎ **Tipp:** Für den Bauleiter ist es uninteressant, wann der Rohbauer für das Erdgeschoss die Schalungen aufstellt, die Bewehrung einbaut und betoniert, da diese Vorgänge nur durch den Rohbauer selbst ausgeführt werden. Wichtig für den Bauleiter ist, dass der Fertigstellungstermin des Erdgeschosses eingehalten wird, weil zu diesem Termin beispielsweise die Putzarbeiten beginnen sollen.

- nicht vertragsgemäße Zahlungen (zu spät, zu niedrig),
- Eingriffe des Bauherren oder seines Architekten in den geplanten Bauablauf,
- Mengenmehrungen,
- Leistungsänderungen,
- Sicherheitsmängel, die einen Baustopp verursachen.

Bei Behinderungen aus dieser Gruppe können Ansprüche der Auftragnehmer gegenüber dem Bauherrn auf Fristverlängerung, Vergütung und Schadenersatz entstehen.

Neben den oben aufgezählten Gründen für mögliche Verzögerungen des Bauablaufs gibt es auch Umstände, die weder der Bauherr noch der Bauunternehmer zu vertreten haben:

- Streik oder eine von der Berufsvertretung der Arbeitgeber angeordnete Aussperrung im Betrieb des Auftragnehmers oder eines Nachunternehmers
- Höhere Gewalt oder andere für den Auftragnehmer unabwendbare Umstände

Treten diese Umstände ein, hat der Bauunternehmer einen Anspruch auf eine längere Bauzeit, aber nicht auf eine höhere Vergütung seiner Leistungen.

Dass der Unternehmer keine Ansprüche aus Behinderungen ableiten kann, die er selbst zu vertreten hat, ist selbstverständlich; hier hat im Gegenzug der Bauherr eventuell die Möglichkeit, Schadensersatz zu fordern. Einige Beispiele für mögliche Ursachen von Verzögerungen sind in Tabelle 5 zusammengefasst.

| Behinderungen durch andere Gewerke | Sind durch andere Gewerke die Vorleistungen nicht, nicht ausreichend oder fehlerhaft erbracht worden, ist dies dem Bauherrn und dem Bauleiter unverzüglich mitzuteilen. Der Bauleiter hat eindeutige Festlegungen zu treffen, wie diese Behinderungen beseitigt werden.

Allerdings ist der Auftragnehmer dazu verpflichtet, den Schaden aus einer Behinderung so gering wie möglich zu halten. Es darf erwartet werden, dass Mitarbeiter bei Behinderungen einer Arbeit andere notwendige Arbeiten leisten.

TERMINSTEUERUNG

Mit dem Termin- und Ablaufplan lässt sich die Einhaltung des geplanten Bauablaufs überwachen. Dabei sind die Vorgänge, die direkt aufeinander folgen und deren Verzögerung sich direkt auf den Fertigstellungstermin auswirken, besonders im Auge zu behalten. Die Kette dieser Vorgänge im Terminplan wird „kritischer Weg" genannt. > Abb. 20

Tab. 5: Mögliche Ursachen für Abweichungen und Behinderungen im Arbeitsfortschritt

	Durch Auftraggeber zu vertreten bzw. aus seinem Risikobereich	Durch Auftragnehmer zu vertreten
Falsche Planungen und Annahmen	Bodenklasse falsch eingeschätzt	Produktivität falsch eingeschätzt
	Ausschreibung der Leistung unvollständig	Falsche Maschinen vorgesehen
	Ausgeschriebene Mengen zu gering	Notwendige Materialmenge falsch bestimmt
	Fehler im Ablaufplan	Fehler im eigenen Ablaufplan
Störungen des Bauablaufes	Pläne fehlen	Material kommt nicht pünktlich
	Entscheidungen des Bauherrn fehlen	Defekt von Maschinen
	Mangelhafte Vorleistung anderer Gewerke	Schalung/Verbau reicht nicht Baustelle wird wegen mangelhaften Unfallschutzes eingestellt
	Terminüberschreitungen von Behörden, Architekten und Fachplanern	Mitarbeiter sind krank
	Unerwartete Bodenfunde	Mangelhafte Qualität (Abriss und erneute Herstellung)

○ **Hinweis:** Baut eine Leistung direkt auf eine andere auf (wie z. B. ein Anstrich, der auf eine Trockenbauwand aufgebracht wird), erfolgt in der Regel eine Übergabe, bei der das nachfolgende Gewerk bestätigt, dass die Vorleistung so erbracht ist, dass ohne Behinderung oder Bedenken weiter gearbeitet werden kann. Diese Übergaben sollten durch den Bauleiter protokolliert und durch die weiteren Beteiligten durch Unterschrift bestätigt werden (siehe Kap. Abnahmen).

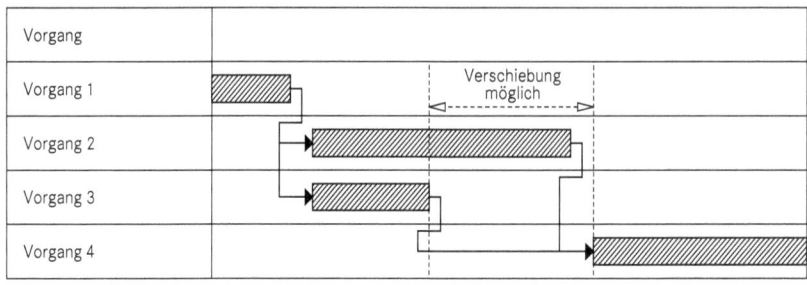

Abb. 20: Schemadarstellung „kritischer Weg"

Ablaufplan	Projekt:																		
				KW				KW				KW				KW			
Vorgang		Stunden	MA	M	D	M	D	F	M	D	M	D	F	M	D	M	D	F	
Baustelle einrichten	soll	20	3																
	ist							BU kommt verspätet											
Sauberkeits- schicht	soll	40	3																
	ist										Unterbrechung durch Fund								
Grundleitungen	soll	50	2																
	ist																		
Fundamentplatte	soll	70	3																
	ist											Verkürzung durch zusätzliche Arbeitskraft							
Mauerwerk Keller	soll	190	5																
	ist	140	6																

▨▨ Soll-Ablauf   ▨▨ Ist-Ablauf   ⌐⌐ Verknüpfung   MA = Mitarbeiter

Abb. 21: Balkenplan mit Soll-Ist-Vergleich

Mittel zur Terminsteuerung

Eine wirksame und zielgerichtete Terminsteuerung ist nur möglich, wenn festgestellt werden kann, ob es zu Behinderungen und damit verbundenen Verzögerungen gekommen ist. Dazu muss auf der Baustelle ein regelmäßiger Soll-Ist-Vergleich mit einer Einschätzung des Leistungsstandes durchgeführt werden. > Abb. 21 Zum Ausgleich von Terminabweichungen können folgende Maßnahmen getroffen werden:

- Erhöhung der Kapazitäten (mehr Arbeitskräfte, höherer Maschineneinsatz)
- Verlängerung der Arbeitszeiten
- Änderung des Bau- oder Produktionsverfahrens
- Anpassung der Bauabschnitte
- Änderung der Qualitäten

Diese Maßnahmen sind aber nur bis zu einem gewissen Grad geeignet, Terminabweichungen auszugleichen. Die Kosten, die durch diese Maßnahmen entstehen, sind durch den Verursacher zu tragen.

Oftmals ist es nicht möglich, die Kapazitäten beliebig zu erhöhen. Das alte Sprichwort „Was einer in zehn Tagen schafft, schaffen zehn an einem Tag" gilt nur selten, denn beengte Platzverhältnisse schränken die Zahl der Mitarbeiter, die an einer Aufgabe arbeiten können, ein. Es kommt zu gegenseitigen Behinderungen mit dem Ergebnis, dass die Ausführung noch weiter verzögert wird.   *Erhöhung der Kapazitäten*

Die Verlängerung der täglichen Arbeitszeit oder zusätzliche Arbeitstage sind oft das einfachste Mittel, um Abweichungen auszugleichen. Da Beschleunigungsmaßnahmen normalerweise zu Mehrkosten führen, muss in jedem Fall geklärt sein, durch wen diese Kosten (Überstundenzuschläge oder Zuschläge für Arbeiten an Wochenenden oder Feiertagen) getragen werden.   *Verlängerung der Arbeitszeit*

Die nachträgliche Änderung von Bauverfahren ist während der Ausführung oft nur in engen Grenzen möglich. Möglichkeiten zur Änderung der Bauverfahren gibt es bei: *Änderung von Bauverfahren*

- Estricharbeiten: Zementestrich zu Trockenestrich oder Zementestrich zu Gussasphaltestrich
- Putzarbeiten: Nassputz zu Trockenputz oder Dickputz zu Spachtelputz

■ **Tipp:** Werden Bauverfahren geändert, muss auf mögliche Auswirkungen bei anderen Gewerken geachtet werden. Bei Verwendung von Spachtelputz oder Trockenputz können geänderte Zargenmaße bei den Türen erforderlich sein. Die anschließenden Gewerke müssen also mit den geplanten Änderungen abgestimmt sein.

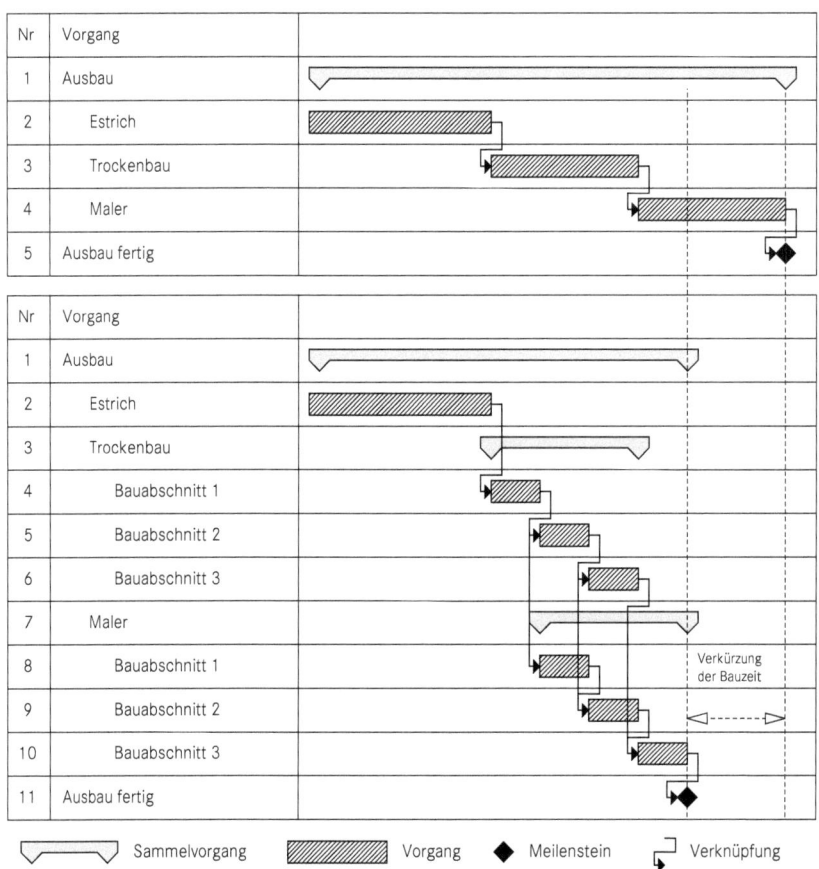

Abb. 22: Der Einfluss von Bauabschnitten auf die Bauzeit

Änderung der Qualitäten

Auch durch die Änderung der Qualitäten lassen sich Bauabläufe beschleunigen oder in der Reihenfolge so ändern, dass andere Vorgänge vorgezogen oder beschleunigt werden können. Einerseits können aus solchen Änderungen kürzere Ausführungszeiten auf der Baustelle resultieren, wenn etwa Parkett durch Teppich ersetzt wird. Andererseits können durch schneller verfügbare Baustoffe Lieferzeiten verkürzt werden.

Verkleinerung der Bauabschnitte

Durch die Einteilung der Gesamtaufgabe in Bauabschnitte lässt sich die zeitliche Abfolge von voneinander abhängigen Vorgängen verkürzen. Zur Verdeutlichung ist dies in Abbildung 22 schematisch dargestellt. Statt erst in einem Abschnitt die kompletten Trockenbauarbeiten zu beenden,

Abb. 23: Bauablauf in Bauabschnitten

um dann mit den Malerarbeiten zu beginnen, können diese in Angriff genommen werden, sobald im ersten Bauabschnitt die Trockenbauarbeiten abgeschlossen sind. Je kleiner die Bauabschnitte gewählt werden, umso mehr Vorgänge gibt es, aber umso anfälliger wird auch die Planung gegenüber Störungen. Tritt in einem Bauabschnitt eine Störung auf, können die Arbeiten nicht in andere Bereiche verlegt werden.

Ein Beispiel für die Einteilung einer Bauaufgabe in Bauabschnitte ist in der Abbildung 23 zu sehen. Auf einer Baustelle finden Rohbau, Fassadenarbeiten und Ausbau parallel statt. Das gesamte Gebäude ist geschossweise in Bauabschnitte eingeteilt.

Qualitätssicherung

Qualität

Qualität bezeichnet bei Bauprojekten den vertraglich vereinbarten Zustand, den ein Bauteil nach der Fertigstellung oder dem Einbau haben muss. Neben der Termin- und Ablaufplanung und der Kostenüberwachung ist die Qualitätssicherung die dritte entscheidende Aufgabe des Bauleiters. Regelmäßig gibt es viel Streit darüber, ob die ausgeführten Bauleistungen die vereinbarte Qualität haben und damit mangelfrei sind. Eine wesentliche Ursache für diesen Streit besteht in der unterschiedlichen Sichtweise der vereinbarten Qualität.

FESTLEGUNG DER QUALITÄTEN

Qualitäten und die damit vereinbarte Beschaffenheit der Leistung können bei Abschluss des Bauvertrages durch die Beschreibungen im Leistungsverzeichnis und in den Plänen oder auch nachträglich etwa durch Bemusterung festgelegt werden. Dabei müssen die Beschreibungen eindeutig und sowohl vom Auftraggeber als auch vom Auftragnehmer in gleicher Weise verstanden werden. Folgendes ist zu beachten:

Allgemeine Beschreibungen

Allgemeine Beschreibungen liefern keine brauchbare Vereinbarung, da in Formulierungen wie „solide Ausführung", „ordnungsgemäße Leistung", „beste Ausführung" die verwendeten Begriffe „solide", „ordnungsgemäß" und „beste" nicht eindeutig definiert sind.

Spezielle Beschreibungen

Spezielle Beschreibungen wie in Prospekten oder der Werbung können als vereinbarte Beschaffenheit definiert werden, wenn es sich um eindeutige Aussagen handelt wie „Heizölverbrauch 3 l/m^2 und Jahr".

Mischformen von Beschreibungen

Mischformen bedürfen einer Konkretisierung. Der Begriff „dauerhafter Belag" etwa muss durch die Angabe, wie lange keine störenden Verschleißerscheinungen zu erwarten sind, erläutert werden.

> ● **Beispiel:** Fragt man einen Bauherrn, einen Architekten und einen Bauunternehmer nach dem Bild einer abnahmefähigen „Sichtbetonoberfläche", wird man ganz unterschiedliche Aussagen hören. Der Auftraggeber und sein Architekt erwarten eine völlig ebene Fläche ohne Farbabweichungen und Poren. Der Bauunternehmer wird andererseits aus seinen Erfahrungen heraus deutlich machen wollen, dass Farbabweichungen, Poren, Schalungsstöße usw. auch bei sorgfältiger Arbeit nicht zu vermeiden sind und daher immer sichtbar bleiben.

Individualvereinbarungen mit einzelnen, konkret definierten Eigenschaften der geforderten Leistung sind allgemeinen Darstellungen in jedem Fall vorzuziehen.

Individualvereinbarungen

Ein Muster stellt eine vereinbarte Qualität dar, auf die für die Ausführung Bezug genommen werden kann.

Muster

Die Definition, wie ein Bauteil beschaffen sein soll, kann auf verschiedene Arten erfolgen. Wie erwähnt, finden sich Beschreibungen der Qualität in Leistungsverzeichnissen, Plänen, Bemusterungsprotokollen oder als Fotos. Wie, wofür und mit wem die Festlegung von Qualitäten erfolgen kann, zeigt Tabelle 6.

Tab. 6: Ausgewählte Verständigungsmittel zur Vereinbarung von Qualitäten

Beschreibung der Qualität durch:	Beispiele	Anwendungsbereich, Hinweise zur Nutzung	Probleme und offene Fragen
Erstellung von Mustern	Strukturputze	Überall dort geeignet, wo die optische Qualität von dem handwerklichen Geschick abhängig ist.	Muster werden von den Ausführenden häufig „zu gut" gemacht. Die Qualität wird dann auf der Fläche nicht erreicht.
	Fassadenanstriche		
	Handwerklich bearbeitete Holzoberflächen		
	Farbübergänge bei Natursteinböden und Fassaden	Unter Baustellenbedingungen herstellen	Mögliche spätere Abweichungen sind häufig nur diffus beschrieben und beinhalten einen weiten Ermessensspielraum.
		Bemusterung durchführen und dokumentieren, Muster bis zur Abnahme der Gesamtleistung schützen	
„Industrieproben" bzw. deren genaue Nennung	Anstriche, z. B. RAL-Farben Mustersteine Parkettstäbe	Anwendung zwischen Fachleuten möglich. Dort sehr rationell. Muster müssen dem späteren, eingebauten Zustand entsprechen.	Handmuster und kleine Musterflächen geben nicht den Eindruck wie im fertigen Raum wieder. Für Laien ggf. schwer vorstellbar
Prospektangaben und Lieferkataloge der Hersteller	Schalter und Steckdosen Heizkörper Sanitärobjekte		

Tab. 6: Ausgewählte Verständigungsmittel zur Vereinbarung von Qualitäten

Beschreibung der Qualität durch:	Beispiele	Anwendungsbereich, Hinweise zur Nutzung	Probleme und offene Fragen
Texte der funktionalen Leistungsverzeichnisse	alle Bauleistungen	Anwendung zwischen Planer und ausführendem und ggf. auch planendem Auftragnehmer. Für den Bauherrn nur begrenzt verständlich	Leistungen sind so beschrieben, dass die geforderten Funktionen erfüllt werden. Ausführungsqualitäten sind weitgehend dem AN überlassen.
Texte der detaillierten Leistungsverzeichnisse	alle Bauleistungen	Anwendung zwischen Planer und ausführendem Auftragnehmer. Für den Bauherrn nur begrenzt verständlich	Leistungen müssen umfassend beschrieben und erfasst werden, da die Beschreibung auch Grundlage der Kalkulation des AN ist.
Vergleichsobjekte	z. B. als Verständigungsmittel zur Sichtbetonqualität	Sehr gut geeignet, wenn gut zugänglich. Zeigt bereits erbrachte Qualitäten	Erreichbarkeit und zeitlicher Aufwand der Bemusterung
Musterräume		Sehr gut geeignet für Laien, um sich Elemente in ihrem räumlichen Kontext vorzustellen	Qualität des Musterraums oft „zu gut". Erstellung eines Musterraums ist ggf. mit hohen Kosten verbunden.

• Alle am Bau Beteiligten haben die Aufgabe, unverzüglich darauf hinzuweisen, wenn eine gewünschte Ausführung objektiv unmöglich ist.

Ausschreibung/Leistungsverzeichnis

Alle vom Bauherrn gewünschten Qualitäten oder geforderten Eigenschaften sollten in den Leistungsverzeichnissen möglichst so beschrieben sein, dass die Auftragnehmer eindeutig wissen, welche Arbeiten sie wie zu erbringen haben. Dabei werden detaillierte Leistungsverzeichnisse mit genauen Beschreibungen der Eigenschaften und funktionale Ausschreibungen mit Beschreibungen der notwendigen Funktionen oder geforderten Eigenschaften unterschieden. Die Beschreibung der Qualitäten und geforderten Leistungen erfolgt in Leistungsverzeichnissen durch:

— Baubeschreibung mit allgemeinen Angaben zur Bauaufgabe
— Vertragliche Bedingungen
— Planunterlagen (Grundrisse, Schnitte, Ansichten)
— Textliche Beschreibungen der Leistungen mit Mengenangaben
— Hinweise zu Referenzprojekten, Mustern und Ausführungsbeispielen

Diese Angaben sollten vor Arbeitsbeginn durch den Bauleiter auf Vollständigkeit und Plausibilität überprüft werden. Zur Klärung der gewünschten Qualitäten sollten die in den Leistungsverzeichnissen beschriebenen Arbeiten mit den Auftragnehmern besprochen werden, um festzustellen, ob sie alle Anforderungen verstanden haben und umsetzen können.

Bemusterung

Bei einer Bemusterung werden dem Bauherrn die Bauteile oder Ausführungsqualitäten beispielhaft vorgestellt. Die genaue Verständigung über die Qualität einzelner Arbeiten ist vor allem bei sichtbaren Oberflächen und Bauteilen notwendig. Diese Oberflächen und Bauteile unterliegen sehr stark einer subjektiven Beurteilung. Die Unterscheidung zwischen guter und schlechter Qualität ist von Vorstellungen, Wünschen, der eigenen handwerklichen Erfahrung und dem eigenen Geschmack geprägt und abhängig.

Wird erst nach der Auftragsvergabe eine bestimmte Qualität festgelegt oder geändert, ergeben sich in der Regel Preisänderungen. Bei der Bemusterung sollten mögliche Kostenänderungen und eventuelle Auswirkungen auf den Baufortschritt (andere Lieferzeiten der Alternativen) feststehen, um diese in die Entscheidungsfindung einbeziehen zu können.

■ Auswirkungen der Bemusterung auf Kosten und Termin

Gerade bei größeren Bemusterungen kann leicht der Überblick über die getroffenen Vereinbarungen verloren gehen. Daher müssen die Ergebnisse auf jeden Fall in einem Protokoll festgehalten werden. Es empfiehlt sich, eine Bemusterungsliste mit allen zu bemusternden Gegenständen sowie den möglichen, oben beschriebenen Auswirkungen anzufertigen. > Abb. 24

Bemusterungsliste

● **Beispiel:** Bei der Herstellung eines Außenputzes zu verlangen, eine 10 m lange Wand mit einer Toleranz von 0 mm auszuführen, ist objektiv unmöglich. Der Begriff meint also, dass kein Unternehmer in der Lage ist, diese Anforderung zu erfüllen.

■ **Tipp:** Werden Muster angefertigt, sollten sie, was Herstellungsdauer und -art betrifft, so, wie es auf der Baustelle üblich ist, hergestellt werden. Es muss unbedingt darauf geachtet werden, dass das Muster in der gleichen Weise wie später die gesamte Leistung ausgeführt wird. Entspricht das fertige Werk nicht dem Muster, kann der Bauherr die Ausführung gemäß dem Muster verlangen.

Verwaltungsgebäude für die Müller AG — Ergebnis Bemusterung — XY Architekten

Position	Gewerk	Kamp-Lintfort	Herne	Dortmund	Haus Witten	Handmuster	Fotos	Zeichnung	Status	weitere Bemusterung	Mehr- / Minderkosten	Bemerkung
1	**Fassade**											
1.1	Metallfassade Alu	x							X			wie KL
1.1.1	Laibungsschwert / Fensterbank								X			RAL 7016
1.1.2	Paneele Deckenanschluss							x	X			**gemäß Abstimmung 12.03.03**
1.2	Metallfassade Stahl				x	x		x	X			**Muster 9006/9007 - 7016**
1.2.1	Fassade Kantine							x	X			**gemäß Abstimmung 12.03.03**
1.3	Fenstersystematik Büro	x							X			wie KL
1.4	Fenstersystematik Foyer	x							X			wie KL
1.5	Sonnenschutz außen Lamelle	x	x						X			wie KL
1.6	Sonnenschutz außen Screen				x				-			Nein
1.7	Trommeltüren								-			Nein
	Windfang / Eingang								o			**Entscheidung bis 15.KW**
2	**Ausbau**											
2.1	Türen											
2.1.1	Türen Bürobereiche	x										
	Zargen	x							X			wie KL
	Türblätter	x							X			**Holztürblätter**
2.1.2	Türen Konferenz / Kantine	x	x									
	Zargen	x	x						X			**Zargenbleche als Wandanschluss**
	Türblätter	x	x						X			Holztürblätter je nach Ausstattung
2.1.3	Türen Foyer/ Erschließung	x										
	Zargen	x	x						X			OK wie Türen Treppenhaus-Büro KL
	Türblätter	x	x						X			Stahl-Glastüren
2.2	Beschläge	x	x						X			wie KL
2.3	Glasfelder	x	x						X			wie KL
												Status: verabschiedet X
3	**Schlosserarbeiten**											
3.1	Schlosser Ausbau											
3.1.1	Treppen Foyer / Kantine		x		x				X			Systematik wie Witten
3.1.2	Geländer Treppen / Galerie	x	x		x				X			wie KL, horizontale Füllstäbe
3.2	Schlosser Rohbau											
3.2.1	Tragwerk Kantine				x				X			RAL 9006
3.2.2	F30 Beschichtung					x			X			**Ausführung wie in Lackierhalle**
3.2.3	Einhausung TGA / Lüftungsgitter	x							X			"Müllhaus" KL OK ähnlich
4	**Böden**											
4.1	Doppelbodensystematik	x							X			wie KL
4.2	Bodenbeläge											
4.2.1	Bodenfliesen Sanitär	x	x						X			wie KL
4.2.2	Werkstein Foyer	x							-			entfällt
4.2.3	Naturstein Foyer		x						X			**gemäß Abstimmung 12.03.03**
4.2.4	Werkstein Treppen	x	x						-			entfällt
4.2.4.1	Naturstein Treppen								X			**gemäß Abstimmung 12.03.03**
4.2.5	Parkett Kantine		x	x					-			entfällt
4.2.6	Bodenfliesen Ausgabe					x			X			wie bemustert
4.2.7	Bodenfliesen Küche					x			X			nach Abstimmung mit StAfA
4.2.8	Teppichfliesen Büros/Konferenz	x							X			wie Musterraum
4.2.9	Linoleumbelag TGA-Räume	x							X			wie KL
												Status: verabschiedet X
	x Muster gemäß Kostenberechnung											offen o

Abb. 24: Bemusterungsliste

Wesentliche Bemusterungen sollten vor Vertragsabschluss vorgenommen werden. Kostenneutrale Bemusterungen (z. B. Farbgebung innerhalb einer festgelegten Palette von Standardfarben) können auch während der Bauausführung stattfinden. > Kap. Kostensteuerung

ÜBERWACHUNG UND SICHERSTELLUNG DER QUALITÄTEN

Bei der Überwachung der Qualität von Bauleistungen muss der Bauleiter insbesondere auf folgende Punkte achten:

— Die Art und Weise der Ausführung (besonders bei „schadensträchtigen" Arbeiten)
— geometrische Qualität (Einhaltung der Abmessungen, Winkel und Ebenheit)
— optische Qualität (Farbe, Oberfläche, Gleichmäßigkeit)
— funktionale Qualität (Funktionstüchtigkeit der eingebauten Elemente)
— Übereinstimmung mit Plänen
— Übereinstimmung mit öffentlichen Vorschriften (Baugenehmigung, Verordnungen und Gesetze)
— Übereinstimmung mit Herstellerrichtlinien und Normen

Die unmittelbare Überwachung der Ausführung wird vom Bauleiter insbesondere für besonders komplizierte oder schadensträchtige Bauleistungen verlangt. Dies sind Arbeiten, die erfahrungsgemäß ein hohes Mangel- und Kostenrisiko aufweisen.
Dazu gehören:

— Herstellung von Ortbeton (einschl. Bewehrung) und Einbau von Betonfertigteilen
— Abdichtungs- und Isolierarbeiten
— Verlegung der Dränage
— Einbau der Grundleitungen (Prüfung der Vollständigkeit)
— Einbau von brandschutzrelevanten Bauteilen

Der Bauleiter ist für die Gesamtkoordination der Baustelle verantwortlich, er ist aber nicht verpflichtet, ständig auf der Baustelle anwesend zu sein und alle Arbeiten im Einzelnen zu überwachen. Dies gilt besonders für handwerklich einfache Arbeiten oder gängige Bauarbeiten wie Putzarbeiten, Verlegung von Platten, Erstellung von Trockenbauwänden und -decken oder normale Malerarbeiten. Werden solche Arbeiten allerdings fehlerhaft ausgeführt, muss der Bauleiter seiner Überwachungspflicht in verschärftem Maße nachkommen. Er muss sich also stets davon überzeugen, dass die Handwerker die beauftragten Arbeiten beherrschen und die vereinbarten Qualitätsstandards erreichen.

Überwachungspflichten

Sachverständige/ Fachbauleiter

Auf der Baustelle sollten alle Arbeiten so überwacht werden, dass die Ausführung auch wirklich den Anforderungen entspricht. Übersteigen die Anforderungen an diese Überwachung den Sachverstand des Bauleiters, muss er den Bauherrn anregen, entsprechende Sachverständige und Fachbauleiter einzusetzen. Für einige Bauleistungen kann dies sogar vorgeschrieben sein:

— Baugerüste
— Brandschutzrelevante Bauteile
— Rauch- und Wärmeabzugsanlagen
— Brand- und Rauchmeldeanlagen
— Statisch relevante Bauteile
— Aufzugsanlagen und Rolltreppen

Um die Ausführung der technischen Gebäudeausrüstung zu überprüfen, wird in der Regel ein Bauleiter des planenden Haustechnikbüros benannt. Dieser ist dafür verantwortlich, die mit der Ausführung der haustechnischen Gewerke beauftragten Firmen zu überwachen und die sachgerechte Ausführung der Arbeiten zu gewährleisten. Bei Fragen zur Ausführung statisch besonders relevanter Bauteile muss beachtet werden, dass der verantwortliche Prüfstatiker so über den Arbeitsfortschritt informiert wird, dass er relevante Arbeitsschritte kontrollieren und dokumentieren kann. Er muss nach Fertigstellung der Arbeiten bescheinigen, dass diese gemäß den Vorgaben ausgeführt sind. Diese Sachverständigen müssen ebenfalls in die Abnahme dieser Bauleistungen einbezogen werden. > Kap. Abnahmen

Maße und Toleranzen

Die Überprüfung der geometrischen Qualität betrifft insbesondere die Kontrolle der Maße im Grundriss und der Höhen sowie der Winkel und der Ebenflächigkeit von Bauteilen. Gibt es im Vertrag keine ausdrücklichen Vereinbarungen, gelten die Angaben in Normen als Richtschnur für die Ausführung. Beispiele für zulässige Maßabweichungen im Grundriss und der Raumhöhe sind in Tabelle 7 dargestellt. Diese beispielhaften Angaben beziehen sich auf die in Deutschland gültige DIN 18202 zu Toleranzen im Hochbau.

Die Festlegungen der Maßgenauigkeit haben den Zweck, trotz unvermeidlicher Ungenauigkeiten bei Herstellung und Montage das funktionsgerechte Zusammenfügen von Bauteilen des Roh- und Ausbaus ohne Anpass- und Nacharbeiten zu ermöglichen. Die Gewerke müssen ohne großen Aufwand aufeinander aufbauen können. Bei Überschreiten dieser Grenzwerte sind bei den Folgearbeiten häufig zusätzliche Aufwendungen zum Ausgleich notwendig.

Tab. 7: Beispiele für zulässige Abweichungen von Maßen im Grundriss und Raumhöhen im Gebäude (nach DIN 18 202)

Zu prüfendes Maß	Zulässige Toleranzen (mm) bei einem Nennmaß ...		
	bis 3 m	über 3 bis 6 m	über 6 bis 15 m
Längen und Breiten im Grundriss	+12	16	20
Geschosshöhen	16	16	20
Lichte Maße im Grundriss	16	20	24
Lichte Maße im Aufriss	20	20	30
Öffnungen (nicht oberflächenfertige Leibung)	12	16	–

GESETZE, VORSCHRIFTEN, NORMEN

Für Ausführung und Eigenschaften von Bauleistungen gibt es eine Vielzahl von Regeln. Die Gesetzgeber haben dazu Gesetze und Vorschriften erlassen. Normen dienen der Standardisierung von Anwendungen, Eigenschaften und Verfahren und werden von den Normierungsinstituten formuliert und herausgegeben. Darüber hinaus gibt es Hinweise und Richtlinien von Berufsverbänden und Herstellern von Bauprodukten zur Anwendung und Verarbeitung ihrer Produkte.

Anerkannte Regeln der Technik

Anerkannte Regeln der Technik sind technische Regeln zur Ausführung von baulichen Anlagen oder Bauteilen. Diese Regeln gelten in Wissenschaft und Praxis als korrekt und haben sich in der Anwendung über einen langen Zeitraum bewährt.

Die Ausführung von Bauleistungen nach diesen Regeln wird als selbstverständlich vorausgesetzt, ohne dass sie gesondert im Vertrag vereinbart werden müssen. Bauunternehmen sind für das entsprechende Know-how selbst verantwortlich. Werden diese Regeln nicht eingehalten, liegt ein Mangel vor. > Kap. Qualitätssicherung, Mängel und Mängelbeseitigung Ein Auftragnehmer kann sich von der Haftung für die Nichteinhaltung befreien, wenn mit dem Auftraggeber vereinbart ist, diese Regeln nicht einzuhalten, und er über die möglichen Konsequenzen genau informiert ist.

Stand der Technik

Der Stand der Technik stellt im Vergleich zu den Anerkannten Regeln der Technik eine höhere Stufe der technischen Entwicklung dar, hat sich aber in der Praxis noch nicht langfristig bewährt. Da bei Bauleistungen Wert auf Dauerhaftigkeit gelegt wird, wird für die Ausführung lediglich die Einhaltung der Anerkannten Regeln der Technik vorausgesetzt.

Stand der Wissenschaft und Technik

Der Stand der Wissenschaft stellt den aktuellen Forschungsstand dar. Dies bedeutet, dass für Produkte oder Ausführungsarten nach diesem Stand keine oder nur sehr wenig Erfahrung aus der Praxis vorliegt. Eine Verwendung in der Baupraxis findet nur sehr selten statt. Abbildung 25 stellt die Begriffe in einer Übersicht zusammen.

Normen

Die Aufgaben von Normen sind sehr vielfältig. Sie dienen zur Festlegung von Standards in Bezug auf Rationalisierung, Verständigung, Gebrauchstauglichkeit, Qualitätssicherung, Kompatibilität, Austauschbarkeit, Gesundheit, Sicherheit und Umweltschutz. Darüber hinaus sind sie Bestandteil allgemeiner technischer Vorschriften, nach denen auch Bauleistungen ausgeführt werden müssen. Es ist zu beachten, dass Normen veraltet sein können und nicht mehr den Anerkannten Regeln der Technik entsprechen müssen. Es kann also vorkommen, dass eine Norm nicht mehr, aber auch noch nicht den Anerkannten Regeln der Technik entspricht. Daher sind die Anerkannten Regeln der Technik den Normen übergeordnet.

Richtlinien, Hinweise, Anweisungen

Neben den bereits aufgezählten und erläuterten technischen Grundlagen für die Ausführung von Bauleistungen gibt es weitere Richtlinien und Hinweise, die beim Bauen beachtet werden müssen:

— Richtlinien der Verbände
— Vorschriften der Hersteller
— Verarbeitungshinweise
— Einbauvorschriften
— Gebrauchsanweisungen

Richtlinien

Formal gesehen ist eine Richtlinie eine Handlungsvorschrift mit bindendem Charakter, aber nicht gesetzlicher Natur. Richtlinien werden von Organisationen wie den Handwerksverbänden (Maler, Dachdecker, Abbruchunternehmen usw.) herausgegeben. Sie werden auf Grundlage der einschlägigen Anerkannten Regeln der Technik, von Normen und der praktischen Erfahrung erarbeitet. Die jeweiligen Richtlinien werden normalerweise für die Ausführung von Bauleistungen mit vereinbart.

Begriff	Merkmal			
	Wissenschaftliche Erkenntnis/ Bestätigung	Praktische Erfahrung vorhanden	in Fachkreisen allgemein anerkannt	In der Praxis langfristig bewährt
Anerkannte Regeln der Technik	ja	ja	ja	ja
Stand der Technik	ja	teilweise/ bedingt	teilweise	nein
Stand der Wissenschaft (und Technik)	ja	nein	nein	nein

Abb. 25: Begriffsstruktur zu Entwicklungsstufen von Produkten und Verfahren > Literatur, Rudolf Rybicki

Vorschriften der Hersteller, Verarbeitungshinweise, Einbauvorschriften und Gebrauchsanweisungen gelten für einzelne Bauprodukte oder Bauteile und geben genaue Hinweise zu Lagerung, Verwendung oder Einbau. Darüber hinaus sind auch Angaben zu finden, mit welchen anderen Produkten zusammen ein Produkt verwendet werden darf. Der Bauleiter sollte sich über die auf der Baustelle verwendeten Produkte informieren, um die richtige und mängelfreie Verwendung kontrollieren zu können. ○

Verarbeitungshinweise und Einbauvorschriften

○ **Hinweis:** Für viele Bauprodukte wie Farben und Kleber gibt es Vorschriften, welche minimalen und maximalen Temperaturen bei der Verarbeitung herrschen dürfen. Werden diese unter- oder überschritten, ist die normale Funktionsfähigkeit und Dauerhaftigkeit nicht gegeben.

Nicht alle Farben und Kleber dürfen auf jedem Untergrund verwendet werden. Es kann vorkommen, dass Farben oder Kleber auf einem bestimmten Untergrund nicht haften oder dass das eine das andere gar zerstört.

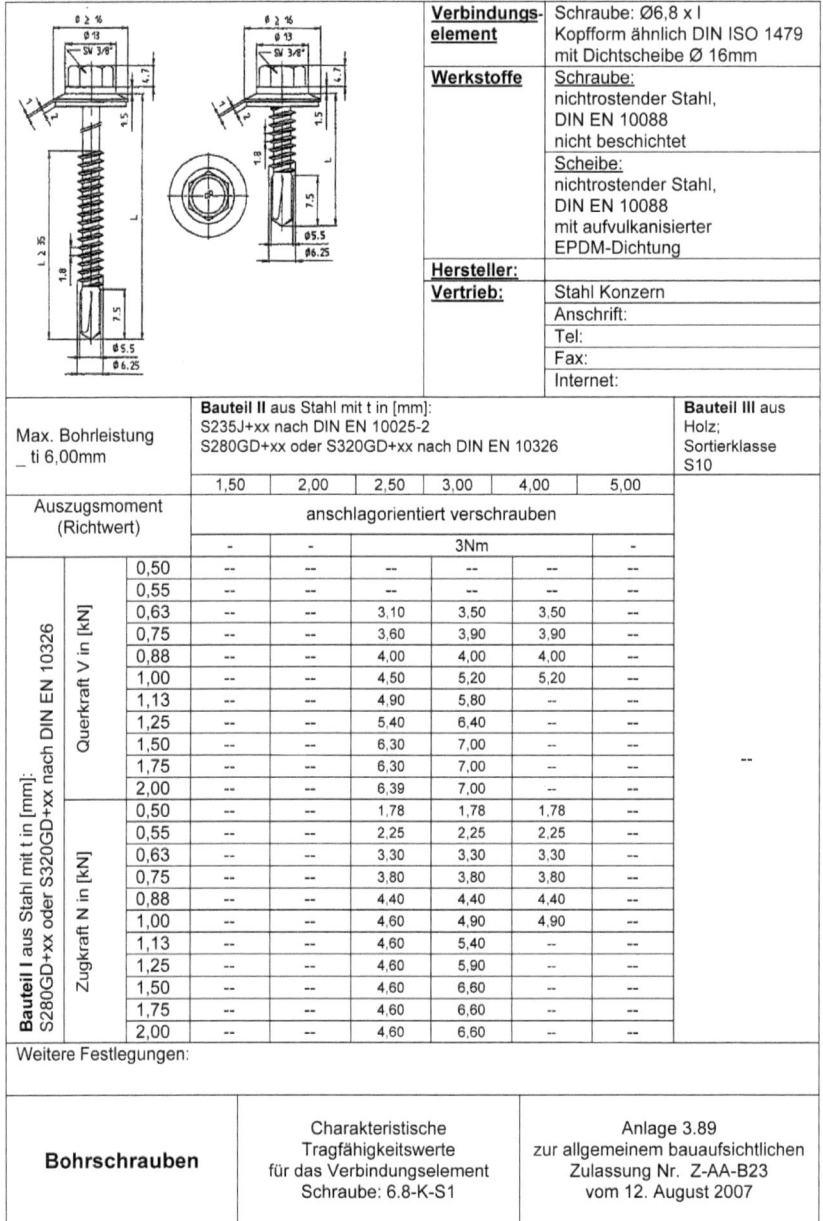

		Verbindungs-element	Schraube: Ø6,8 x l Kopfform ähnlich DIN ISO 1479 mit Dichtscheibe Ø 16mm
		Werkstoffe	Schraube: nichtrostender Stahl, DIN EN 10088 nicht beschichtet
			Scheibe: nichtrostender Stahl, DIN EN 10088 mit aufvulkanisierter EPDM-Dichtung
		Hersteller: Vertrieb:	Stahl Konzern
			Anschrift:
			Tel:
			Fax:
			Internet:

Max. Bohrleistung ti 6,00mm		Bauteil II aus Stahl mit t in [mm]: S235J+xx nach DIN EN 10025-2 S280GD+xx oder S320GD+xx nach DIN EN 10326						Bauteil III aus Holz; Sortierklasse S10
		1,50	2,00	2,50	3,00	4,00	5,00	
Auszugsmoment (Richtwert)				anschlagorientiert verschrauben				
		--	--	3Nm			--	
Bauteil I aus Stahl mit t in [mm]: S280GD+xx oder S320GD+xx nach DIN EN 10326	Querkraft V in [kN]	0,50	--	--	--	--	--	--	
		0,55	--	--	--	--	--	--	
		0,63	--	--	3,10	3,50	3,50	--	
		0,75	--	--	3,60	3,90	3,90	--	
		0,88	--	--	4,00	4,00	4,00	--	
		1,00	--	--	4,50	5,20	5,20	--	
		1,13	--	--	4,90	5,80	--	--	
		1,25	--	--	5,40	6,40	--	--	
		1,50	--	--	6,30	7,00	--	--	--
		1,75	--	--	6,30	7,00	--	--	
		2,00	--	--	6,39	7,00	--	--	
	Zugkraft N in [kN]	0,50	--	--	1,78	1,78	1,78	--	
		0,55	--	--	2,25	2,25	2,25	--	
		0,63	--	--	3,30	3,30	3,30	--	
		0,75	--	--	3,80	3,80	3,80	--	
		0,88	--	--	4,40	4,40	4,40	--	
		1,00	--	--	4,60	4,90	4,90	--	
		1,13	--	--	4,60	5,40	--	--	
		1,25	--	--	4,60	5,90	--	--	
		1,50	--	--	4,60	6,60	--	--	
		1,75	--	--	4,60	6,60	--	--	
		2,00	--	--	4,60	6,60	--	--	

Weitere Festlegungen:

| Bohrschrauben | Charakteristische Tragfähigkeitswerte für das Verbindungselement Schraube: 6.8-K-S1 | Anlage 3.89 zur allgemeinem bauaufsichtlichen Zulassung Nr. Z-AA-B23 vom 12. August 2007 |

Abb. 26: Produktdatenblatt für Schrauben mit technischen Details

Abb. 27: Etikett einer Verglasung mit technischen Angaben und Gütesiegel

Lieferscheine, Etiketten, Gütesiegel, Datenblätter

Der Bauleiter muss die gelieferten Baustoffe dahingehend überprüfen, ob sie den oben beschriebenen Anforderungen entsprechen. Zu diesem Zweck werden die Lieferscheine und Etiketten mit den im Bauvertrag angegebenen Angaben verglichen. Auf dem in Abbildung 27 dargestellten Etikett einer Verglasung sind alle erforderlichen Angaben vorhanden:

- Hersteller
- Ausführende Firma/Besteller
- Projekt
- Verglasungstyp und Scheibenaufbau
- Scheibengröße
- Gütesiegel

Die Etiketten wichtiger Baustoffe sollte der Bauleiter für die Projektdokumentation sammeln. Gibt es für Baustoffe keine genauen Vorgaben (so wie für Verglasungen), kann die geforderte und nach den Anerkannten Regeln der Technik notwendige Qualität an Gütesiegeln oder vergleichbaren Angaben festgestellt werden. Eine weitere Möglichkeit besteht darin, sich von den Auftragnehmern Produktdatenblätter geben zu lassen. > Abb. 26 und Kap. Übergabe, Projektdokumentation

MÄNGEL UND MÄNGELBESEITIGUNG

Nacharbeiten, Reparaturen, zusätzliche Reinigungsarbeiten und Mängelbeseitigungen kosten viel Zeit und Geld und sollten daher nach Möglichkeit vermieden werden. Die Erfahrung zeigt, dass die Mängelbeseitigung durch Feststellung, Dokumentation und Prüfung der Beseitigung ca. 10–15% der gesamten Arbeit in der Bauleitung ausmacht.

Mangel — Erfüllen ausgeführte Bauleistungen nicht die an sie gestellten Anforderungen oder weichen sie von den definierten Qualitäten ab, spricht man von mangelhaften Leistungen. Mängel werden in zwei Kategorien unterteilt.

Optische Mängel — Optische Mängel sind:

- Verschmutzungen
- Kleine Beschädigungen
- Farbabweichungen
- Unebenheiten
- Geringfügige Rissbildung

Konstruktive Mängel — Konstruktive Mängel sind:

- Rissbildungen
- Mechanische Beschädigungen
- Funktionsstörungen
- Abplatzungen

Gebrauchsübliche Umstände — Bei der Beurteilung optischer Mängel muss immer die Funktion und Bedeutung der Oberfläche berücksichtigt werden. Die Beurteilung muss unter gebrauchsüblichen Umständen erfolgen. Dies bedeutet, dass die Beurteilung im gleichen Abstand und bei der gleichen Beleuchtung erfolgt, wie sie auch im normalen Gebrauch zu erwarten sind.

Außerdem werden Mängel wie folgt unterschieden:

Offener Mangel — Ein offener Mangel ist bereits bei der Erstellung oder der Abnahme vorhanden und erkennbar.

Verdeckter Mangel — Ein verdeckter Mangel ist zwar vorhanden, aber bei der Abnahme nicht erkennbar.

● **Beispiel:**
- Unregelmäßigkeiten im äußeren Erscheinungsbild eines Hauses (Putz, Verblendmauerwerk) sind nicht vom Gerüst oder Hubwagen, sondern von der Straße aus zu beurteilen.
- Unregelmäßigkeiten direkt an einer Haustür sind aus der üblichen Betrachtungsnähe zu beurteilen.
- Unregelmäßigkeiten der Oberflächen in einer Tiefgarage sind unter den späteren Lichtverhältnissen zu beurteilen.
- Streiflicht ist nur dort zur Beurteilung heranzuziehen, wo es auch in der Nutzung regelmäßig auftritt.

Arglistig verschwiegene Mängel sind verdeckte Mängel, die dem Auftragnehmer zwar bekannt sind, aber bei der Abnahme absichtlich verschwiegen werden, um sich einen Vorteil zu verschaffen.

Arglistig verschwiegener Mangel

Bei der Beurteilung, ob ein Mangel vorliegt, sind folgende Sachverhalte zu prüfen:

— Hat die Bauleistung die vereinbarte Beschaffenheit?
— Eignet sich die Bauleistung zur vertraglich vorausgesetzten Verwendung?
— Eignet sich die Bauleistung zur gewöhnlichen Verwendung?
— Entspricht die Bauleistung den Anerkannten Regeln der Technik? ●

Darüber hinaus kann auch ein Mangel vorliegen, wenn

— die Montage unsachgemäß ausgeführt wurde,
— eine andere als die vereinbarte Sache geliefert oder hergestellt wurde,
— zu wenig geliefert wurde.

Nach der Feststellung der Mängel geht es darum, sie in ihrer Bedeutung zu bewerten und zu entscheiden, wie weiter vorgegangen werden soll.

Die Beseitigung eines Mangels ist dann erforderlich, wenn die Bauleistung nicht den Anerkannten Regeln der Technik entspricht oder wenn durch den Mangel weiterer Schaden entstehen kann oder die geforderte Funktion überhaupt nicht oder nur eingeschränkt erfüllt wird. Aus dieser Aufzählung wird deutlich, dass nicht jeder Mangel zwangsläufig beseitigt werden muss, weil unter Umständen der Aufwand dafür unverhältnismäßig hoch ist. In diesem Fall wird die mangelhafte Ausführung durch Minderung der Vergütung, also eine geringere Bezahlung „bestraft". Bewegt sich der Mangel im Rahmen der vereinbarten Toleranzen, befindet er sich in untergeordneten Räumen und fällt optisch nicht ins Gewicht, wird er als Bagatelle bezeichnet und muss nicht beseitigt werden. Eine

Nachbesserung/ Mängelbeseitigung

Minderung

Bagatelle

● **Beispiel:** Sichtmauerwerk in einem Kellerraum oder in einem repräsentativen Eingangsbereich, Farbabweichungen des Fußbodens in einer Lagerhalle oder in einem Kundenraum und Unebenheiten im Innenputz eines Stalles oder eines Wohnzimmers sind also jeweils unterschiedlich zu bewerten.

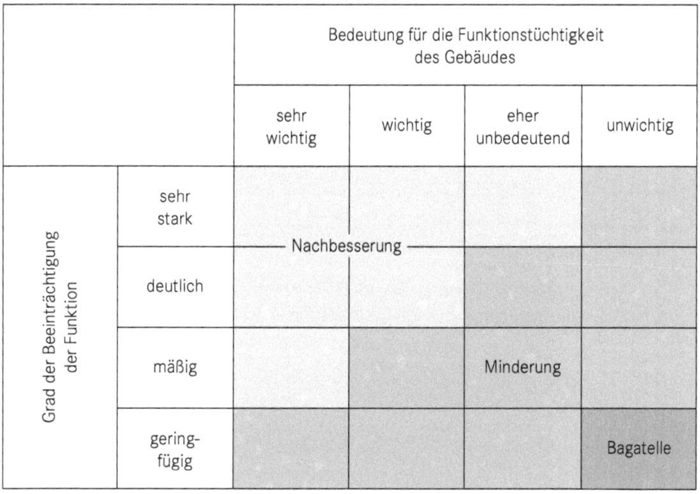

		Bedeutung für die Funktionstüchtigkeit des Gebäudes			
		sehr wichtig	wichtig	eher unbedeutend	unwichtig
Grad der Beeinträchtigung der Funktion	sehr stark	Nachbesserung			
	deutlich				
	mäßig			Minderung	
	geringfügig				Bagatelle

Abb. 28: **Mögliche Konsequenzen aus Funktionsmängeln > Literatur, Rainer Oswald**

		Gewicht des optischen Erscheinungsbildes			
		sehr wichtig	wichtig	eher unbedeutend	unwichtig
Grad der optischen Beeinträchtigung	auffällig	Nachbesserung			
	gut sichtbar				
	sichtbar			Minderung	
	kaum erkennbar				Bagatelle

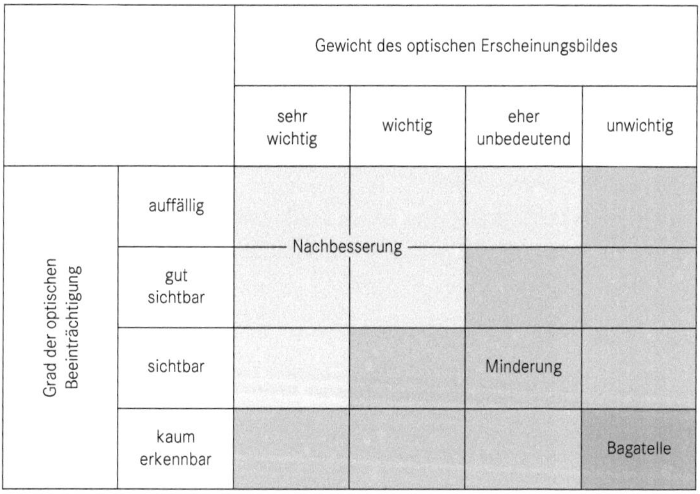

Abb. 29: **Mögliche Konsequenzen aus optischen Mängeln > Literatur, Rainer Oswald**

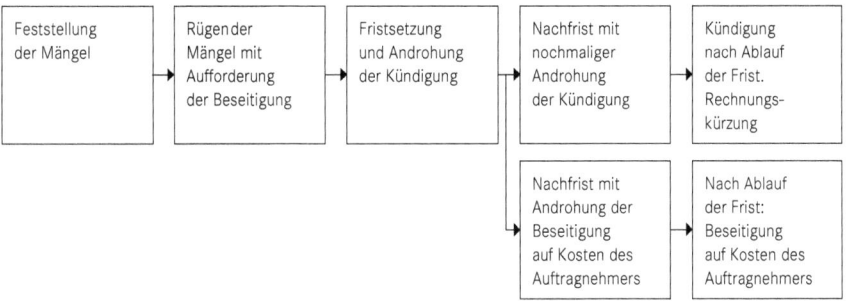

Abb. 30: Ablauf zur Aufforderung von Mängelbeseitigungen

Übersicht zu verschiedenen Mangelfolgen geben Abbildung 28 und 29. Ausgangspunkt sind der Zweck und der Grad der Beeinträchtigung.

Leistungen, die schon während der Ausführung als mangelhaft oder vertragswidrig erkannt werden, hat der Auftragnehmer ebenfalls durch mangelfreie zu ersetzen. Da Leistungen für die Mängelbeseitigung nicht zusätzlich vom Auftraggeber bezahlt werden, entstehen daraus oft erhebliche Mehrkosten für das Bauunternehmen. Die Mängelbeseitigung muss in einer vom Auftraggeber gesetzten angemessenen Frist erfolgen. Diese Angemessenheit richtet sich nach den konkreten Umständen auf der Baustelle.

Zur Beseitigung der Mängel muss der Auftragnehmer schriftlich aufgefordert werden. Dies ist besonders wichtig, wenn für die Beseitigung nur ein begrenzter Zeitraum (Fertigstellung und Einzug stehen bevor) zur Verfügung steht. Abbildung 30 beschreibt einen sinnvollen Ablauf für die Aufforderung der Mängelbeseitigung.

● **Beispiel:** Ist die Firma, die eine mangelhafte Leistung erbracht hat, noch auf der Baustelle, so kann der Auftraggeber verlangen, dass innerhalb weniger Tage die Mängelbeseitigung erfolgt. Müssen die Mitarbeiter erneut anrücken, ist etwas mehr Zeit zu gewähren. Sind Folgearbeiten unmittelbar davon abhängig, dass die mangelhafte Leistung durch eine mangelfreie ersetzt wird, ist grundsätzlich Eile geboten. Verzögert der Bauunternehmer die Mängelbeseitigung, können noch zusätzliche Forderungen gegen ihn aus der Bauzeitverzögerung geltend gemacht werden.

Kosten und Abrechnung

Zu Beginn einer Baumaßnahme macht der Bauherr Vorgaben zum Budget, das zur Verfügung steht. Dieses Budget bildet die Grundlage der Planungsphasen und muss in der Bauausführung durch die Bauleitung eingehalten werden.

Die Erfahrung zeigt allerdings, dass Bauvorhaben in den seltensten Fällen zu dem Preis fertiggestellt werden, der in der Planung ermittelt wurde. Änderungswünsche während der Bauphase, ungenau ermittelte Mengen und in den Ausschreibungen vergessene Bauteile führen zur Erhöhung der Kosten. Die Übersicht der Kostenentwicklung während der Bauausführung zeigt, welche verschiedenen Kosten der Bauleiter im Überblick behalten und eventuell steuern muss. > Abb. 31

BUDGET

In der Planung wird ermittelt, welches Budget für jedes Leistungspaket zur Verfügung steht. In nächsten Schritt werden Angebote eingeholt und untereinander und mit dem Budget verglichen. Gerade bei den ersten Angebotsprüfungen ist es für den Bauherrn wichtig, zu wissen, ob die Annahmen aus der Planungsphase mit den realen Preisen übereinstimmen.

Angebotsprüfung
Da die Angebotsprüfung eigentlich nicht zu den Pflichten der Bauleitung gehört, wird diese hier nur kurz erläutert. Bei der Angebotsprüfung werden die Angebote aller Anbieter auf Vollständigkeit und Richtigkeit überprüft und miteinander verglichen. Hierzu steht eine Vielzahl von EDV-Programmen zur Verfügung, allerdings lassen sich diese Vergleiche auch mit einfachen Tabellenkalkulationsprogrammen durchführen.

Nach der Angebotsprüfung müssen öffentliche Bauherrn an den günstigsten Bieter den Auftrag vergeben. Privaten Bauherren steht es offen, welchen Bieter sie beauftragen.

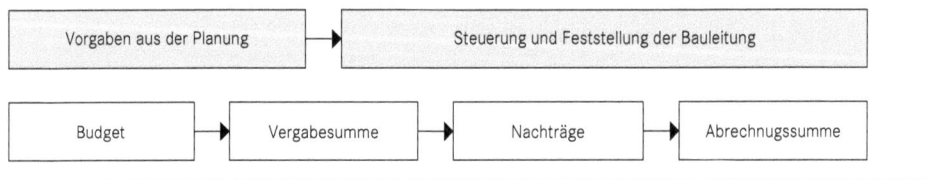

Abb. 31: Budget, Vergabesumme, Prognose, Abrechnungssumme

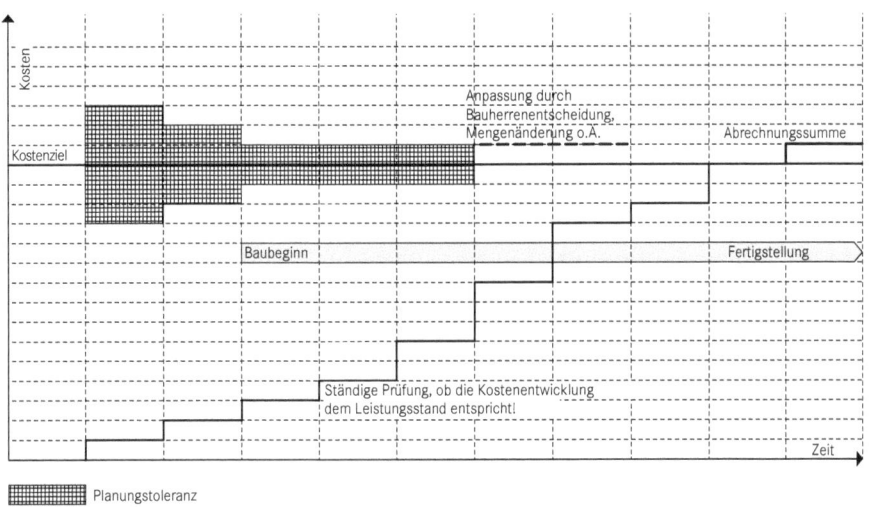

Abb. 32: Schema der Kostenentwicklung

An dieser Stelle besteht im Projektverlauf die Möglichkeit, die Kosten zu beeinflussen. Stellt man fest, dass die Angebotssumme das veranschlagte Budget über- oder unterschreitet, können ausgeschriebene Alternativen, d. h. einfachere oder auch höherwertigere Varianten, in Auftrag gegeben werden. > Abb. 32

VERGABESUMME, AUFTRAGSSUMME

Mit der Vergabe an einen Bauunternehmer steht die Vergabesumme fest. Da es dem privaten Bauherrn offen steht, mit den Bauunternehmen über die Angebote zu verhandeln, ist die Auftragssumme teilweise niedriger als die angebotene und geprüfte Summe. Der dabei ausgehandelte Rabatt wird Nachlass genannt. Normalerweise wird vereinbart, dass der Nachlass auch für alle später beauftragten Arbeiten angerechnet wird. Nachlässe für Bauleistungen bewegen sich erfahrungsgemäß in einem Bereich zwischen 2 und 8 %. Öffentliche Auftraggeber dürfen in den meisten Staaten über die Angebotspreise nicht verhandeln.

Nachlass

PROGNOSE, NACHTRÄGE

Nachträge, also Angebote für geänderte oder über die ursprünglich beauftragten Leistungen hinausgehende Arbeiten, werden durch die Auftragnehmer gestellt. In der Regel werden Nachträge als Angebote auf Grundlage des geschlossenen Bauvertrags formuliert. Die zusätzlichen Arbeiten und die damit verbundenen Kosten entstehen durch:

Nachtrag

- Mengenabweichungen
- Leistungsänderungen
- Bauzeitverzögerungen
- Beschleunigungsmaßnahmen

Dabei wird unterschieden zwischen:

- Bauinhaltsänderungen: Es wird etwas anders gebaut als ursprünglich vereinbart.
- Bauumstandsänderungen: Es wird zwar das gebaut, was ursprünglich vereinbart wurde, aber die Umstände haben sich verändert, zum Beispiel die Zufahrtsmöglichkeiten.

Die Auswirkungen können dabei jeweils zu Mehr-, aber auch zu Minderkosten führen.

Nachtragsprüfung — Bevor die in den Nachträgen angebotenen Leistungen durch den Bauherrn beauftragt werden, muss durch den Bauleiter geprüft werden, ob die Forderungen gerechtfertigt sind. Dazu muss als Erstes festgestellt werden, ob die als Nachtrag angebotenen Leistungen nicht schon im ursprünglichen Bauvertrag enthalten sind. Ist dies der Fall, wird der Nachtrag zurückgewiesen.

Außerdem muss geprüft werden, ob die Preise für die Leistungen dem Preisniveau des Bauvertrages entsprechen. Um dies herauszufinden, kann der Bauleiter die Preise auf Grundlage der Urkalkulation des *Urkalkulation* — Auftragnehmers vergleichen und prüfen. In der Urkalkulation ist dargestellt, wie hoch die einzelnen Kostenbestandteile sind, aus denen sich die Angebotspreise zusammensetzen.

Nachträge dürfen nur durch den Bauherrn beauftragt werden. Wie bereits beschrieben, darf der Bauleiter keine Entscheidungen für den Bauherrn treffen, die dessen Finanzen betreffen. Darum muss ein Nachtrag sorgfältig geprüft werden, und es muss dem Bauherrn erklärt werden, ob der Nachtrag berechtigt ist und die angegebenen Kosten angemessen sind.

Beauftragung von Nachträgen — Die Prüfung und Beauftragung eines Nachtrags sollte vor der Ausführung der angebotenen Arbeiten erfolgen. Leider wird in der Praxis aber oft erst bei der Ausführung festgestellt, dass notwendige Leistungen nicht im Auftrag enthalten sind. Es ist dann nicht möglich, das Nachtragsangebot, die Prüfung und die schriftliche Beauftragung durch den Bauherrn abzuwarten. Um die Arbeiten nicht unterbrechen zu müssen, muss aber dem Bauherrn auf jeden Fall angekündigt werden, dass Mehrkosten entstehen. Außerdem sollten die ungefähren Kosten angegeben und mit dem Bauherrn besprochen werden. Die Beauftragung kann dann vorab in Abstimmung mit dem Bauherrn z. B. durch eine Protokollnotiz schriftlich fixiert werden. In der Abbildung 33 sind die Abläufe schematisch dargestellt.

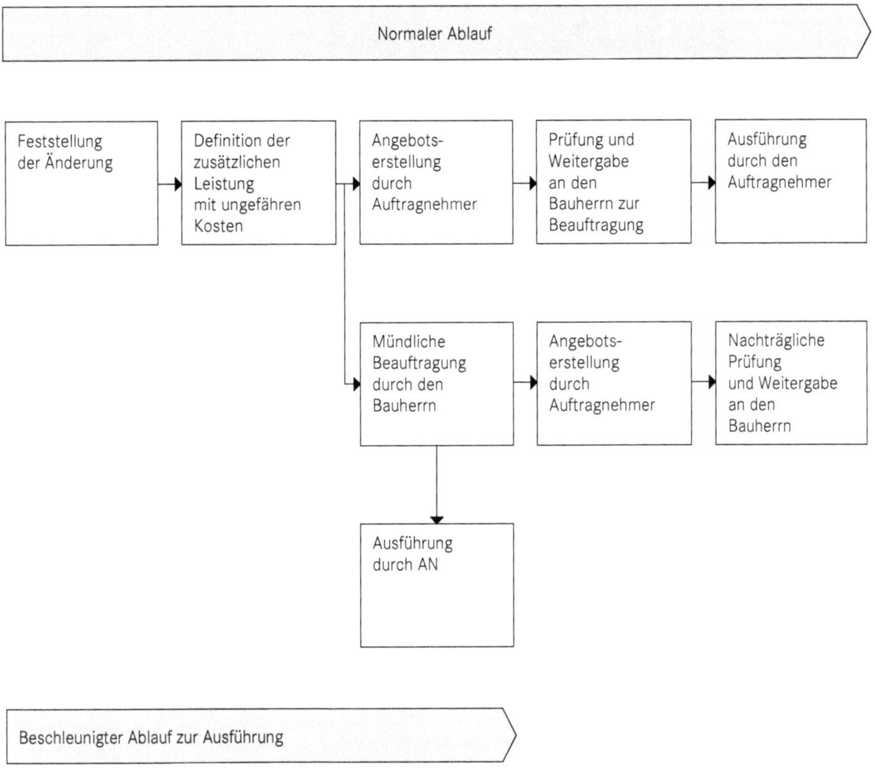

```
Normaler Ablauf
```

| Feststellung der Änderung | → | Definition der zusätzlichen Leistung mit ungefähren Kosten | → | Angebotserstellung durch Auftragnehmer | → | Prüfung und Weitergabe an den Bauherrn zur Beauftragung | → | Ausführung durch den Auftragnehmer |

↓

| Mündliche Beauftragung durch den Bauherrn | → | Angebotserstellung durch Auftragnehmer | → | Nachträgliche Prüfung und Weitergabe an den Bauherrn |

↓

| Ausführung durch AN |

```
Beschleunigter Ablauf zur Ausführung
```

Abb. 33: Ablauf Nachtragserstellung und -abwicklung

○ **Hinweis:** Auch wenn der Bauleiter nur selten mit der Kalkulation von Bauleistungen zu tun hat, sollten ihm die aufgelisteten Strukturen bekannt sein. Die Angebotspreise der Baufirmen setzen sich in der Regel aus folgenden Kostenbestandteilen zusammen:
- Kosten für Lohn, Baustoffe, Geräte und eventuelle Fremdleistungen
- Kosten, die auf der Baustelle anfallen, aber nicht in die einzelnen Positionen der Ausschreibung einfließen
- Kosten, die dem Auftragnehmer für die Leitung und Verwaltung seiner Firma entstehen
- Kosten, die zwar noch nicht genau bekannt sind, aber aus der Erfahrung heraus anfallen – etwa für Bauzeitverzögerungen, Gewährleistungen oder unvorhergesehene Zwischenfälle
- Gewinnanteile. Dies ist der Ansatz für die angemessene Verzinsung des vom Auftragnehmer eingesetzten Kapitals.

KOSTENKONTROLLE

Die Kostenkontrolle ist der Vergleich der aktuell bekannten Kosten mit den geplanten Kosten. Zum Zeitpunkt der Bauausführung muss der Bauleiter dem geplanten Budget die Vergabesummen inklusive der bekannten Nachträge und möglicher weiterer Kosten (Prognosekosten) gegenüberstellen. Werden dabei Abweichungen festgestellt, müssen Maßnahmen zur Kostensteuerung ergriffen werden. Dabei sollte zuerst beim betroffenen Gewerk nach Einsparmöglichkeiten gesucht werden, um andere Gewerke zunächst nicht zu beeinträchtigen. Reichen die Möglichkeiten der Kostensteuerung dort nicht aus, muss in anderen Budgets nach Ausgleichsmöglichkeiten gesucht werden, oder der Bauherr muss das betroffene Budget erhöhen.

KOSTENSTEUERUNG

Je weiter ein Projekt vorangekommen ist, umso schwieriger wird es, wirksam Einfluss auf die Kosten zu nehmen. Auch wenn Planung und Kostenermittlung sorgfältig durchgeführt worden sind, kommt es vor, dass steuernd in die Kostenentwicklung eingegriffen werden muss. Dann ist der Bauleiter zusammen mit dem Planer gefordert, für den Bauherrn Vorschläge für mögliche Einsparpotenziale zu entwickeln und die Umsetzbarkeit mit allen Auswirkungen festzustellen. Ähnlich wie bei der Terminsteuerung gibt es hierzu verschiedene Möglichkeiten:

— Änderung der Qualitäten
— Änderung der Mengen
— Änderung des Ausführungszeitpunkts

Bei allen Maßnahmen ist zu beachten, dass den Auftragnehmern nach Vertragsabschluss eventuell auch eine Vergütung für die eingesparten Leistungen zusteht, da die Kalkulation der Angebotspreise auf Grundlage der Mengen in den Leistungsverzeichnissen erfolgt ist. Welche Einsparungen sich tatsächlich ergeben, kann nur in Zusammenarbeit mit dem Auftragnehmer ermittelt werden.

<small>Änderung der Qualitäten</small>

Die Änderung von Qualitäten bedeutet, dass andere Standards ausgeführt werden als ursprünglich geplant, und zwar entweder niedrigere oder höherwertigere. Am einfachsten lässt sich dies organisieren, wenn diese Möglichkeit bereits in den Leistungsverzeichnissen durch die Ausschreibung von Alternativpositionen in Betracht gezogen wurde. Dabei muss aber immer beachtet werden, dass durch die vorgeschlagenen Änderungen in anderen Bereichen zusätzliche Kosten entstehen könnten.

<small>Änderung der Mengen</small>

Die Änderung von Mengen wird oft im Zusammenhang mit der Änderung von Qualitäten betrachtet. Dabei besteht die Möglichkeit, Mengen zu verringern, indem teure Varianten auf wichtige Bereiche reduziert werden und der Rest in einfachem Standard ausgeführt wird oder indem Teile der Ausführung entfallen.

Wenn es die Ziele des Bauherrn erlauben, besteht natürlich auch die Möglichkeit, Arbeiten zu verschieben. Diese Möglichkeit wird häufig vom privaten Bauherrn im Einfamilienhausbau genutzt. Der Ausbau des Dachgeschosses oder des Kellers oder der Bau der Garage wird erst einige Jahre nach der Fertigstellung ausgeführt.

Arbeiten später ausführen

Die zur Steuerung der Termin- und Ablaufplanung aufgeführten Hinweise gelten auch für die Kostensteuerung. Die gewünschten Auswirkungen auf die Kosten haben immer auch Auswirkungen auf andere Bereiche der Bauausführung. Der Bauleiter muss also den Bauherrn entsprechend beraten, da diesem oft der Überblick fehlt, um alle Auswirkungen beurteilen zu können. Auf folgende Sachverhalte ist zu achten:

Auswirkungen der Kostensteuerung

— Wie wirken sich die möglichen Änderungen auf die Termine aus? Sind die anderen Materialien genauso schnell lieferbar wie die ursprünglich geplanten? Die Verzögerung der Fertigstellung kann die Kosten erheblich beeinflussen.
— Entsprechen die geänderten Qualitäten noch den ursprünglichen Anforderungen, oder verwandelt schnellerer Verschleiß eines billigen Produkts die Einsparungen nach kurzer Zeit ins Gegenteil?
— Welche zusätzlichen Kosten entstehen durch spätere Ausführung?
— Welche zusätzlichen Kosten entstehen durch Änderung eines bestehenden Bauvertrags?

ABRECHNUNG

Die Abrechnung der ausgeführten Bauleistungen erfolgt wie die Ausführung der Arbeiten zeitversetzt. Je nach Dauer und Umfang der Arbeiten werden diese auf Grundlage einer Rechnung oder mit Hilfe von Abschlagsrechnungen und der Schlussrechnung bezahlt. Die Abrechnung der Arbeiten erfolgt also meistens parallel zum Baufortschritt.

○ **Hinweis:** Eine genaue Darstellung der Methoden von Kostenkontrolle findet man in *Thema: Baukosten- und Terminplanung* von Bert Bielefeld und Thomas Feuerabend, erschienen im Birkhäuser Verlag, Basel 2007.

Rechnungen für Bauleistungen können nur für Arbeiten gestellt werden, die tatsächlich ausgeführt worden sind, oder für Baustoffe und Bauteile, die der Auftragnehmer nachweislich für die Baustelle angefertigt oder bereits geliefert, aber noch nicht eingebaut hat.

Zahlung gegen Bürgschaft

Im letzteren Fall ist es besser, eine Vorauszahlung gegen eine vom Auftragnehmer vorgelegte Bankbürgschaft vorzunehmen.

Abschlagszahlung

Da sich ein Bauprozess in der Regel über einen relativ langen Zeitraum hinzieht, steht es dem Auftragnehmer zu, Abschlagszahlungen, also Teilzahlungen, für auf der Baustelle erbrachte Leistungen zu verlangen.

Abrechnungsunterlagen

Genau wie die Schlussrechnung muss jede Abschlagsrechnung überprüfbar sein. Deshalb müssen der Rechnung eine Mengenermittlung der in Rechnung gestellten Leistungen, Abrechnungspläne (in diesen ist dargestellt, was abgerechnet werden soll) oder ein Aufmaß beigefügt sein.

Rechnungsprüfung

Bei der Rechnungsprüfung muss der Bauleiter feststellen, ob die in Rechnung gestellten Arbeiten tatsächlich und weitgehend mängelfrei erbracht worden sind. Diese Prüfung sollte sorgfältig erfolgen, da der Bauleiter im Falle einer zwischenzeitlichen Insolvenz des Auftragnehmers für die eventuell zu viel gezahlten Leistungen gegenüber dem Bauherrn haftbar ist.

Aufmaß

Um den Leistungsumfang festzustellen, wird auf der Baustelle ein Aufmaß angefertigt. Besonders wichtig ist dies für Arbeiten, die im weiteren Baufortschritt verdeckt werden. Dies können Abdichtungsarbeiten sein, die später unter dem Bodenbelag verschwinden, Abbrucharbeiten oder Ausbesserungsarbeiten an Wänden oder Böden, die später weitere Beläge erhalten. Auftragnehmer haben ein besonderes Interesse, dass diese Arbeiten gemeinsam mit dem Bauherrn oder Bauleiter aufgemessen werden, da sie im Zweifel später beweisen müssen, dass die Arbeiten tatsächlich ausgeführt wurden. > Kap. Abnahmen Wie Rechnungen müssen auch Aufmaße übersichtlich und nach der Struktur der Leistungsverzeichnisse überprüfbar aufgebaut sein.

Rechnungslegung

Unter Rechnungslegung wird die Art und Weise verstanden, wie eine Rechnung gestellt wird. Die Struktur der Rechnung sollte der Struktur und dem Aufbau des Leistungsverzeichnisses entsprechen. So besteht die Möglichkeit, im Zuge der Kostenkontrolle den Überblick über die Kosten der einzelnen Titel und Gewerke zu behalten. Sind Rechnungen nicht so aufgebaut und unübersichtlich, können diese vom Bauleiter als unprüfbar zurückgewiesen werden.

Kumulative Rechnungslegung

Im Bauwesen hat sich die so genannte kumulative Rechnungslegung als vorteilhaft erwiesen. Bei einer kumulativen Rechnung werden alle bis zum Zeitpunkt der Rechnungsstellung erbrachten Leistungen in Rechnung gestellt. Die bereits bezahlten Leistungen werden abgezogen.

Auch diesen Rechnungen müssen die jeweiligen Aufmaßblätter und Abrechnungspläne beiliegen. Diese Art der Rechnungslegung hat den

Vorteil, dass der Bauleiter durch die Rechnung sofort einen Überblick über den erreichten Leistungsstand bekommt. Durch die beiliegenden Aufmaße entfällt eine aufwendige Prüfung des Gesamtaufmaßes bei der Schlussrechnung. > Abb. 34

Die Schlussrechnung umfasst alle geleisteten Arbeiten inklusive der vereinbarten und beauftragten Nachträge und Mengenänderungen. Genau wie die Rechnungen der Abschlagszahlungen muss die Schlussrechnung übersichtlich und insgesamt überprüfbar aufgestellt sein. Der Schlussrechnung muss das Schlussaufmaß beiliegen. Dieses Aufmaß erfolgt grundsätzlich auf Grundlage der Planunterlagen, auf denen auch das Leistungsverzeichnis aufbaut. Für geänderte Leistungen oder für Leistungen, die nicht anhand der Planunterlagen nachvollzogen werden können, kann gegebenenfalls ein gesondertes Aufmaß auf der Baustelle erforderlich sein.
Schlussrechnung

Dem Bauleiter steht für die Prüfung von Rechnungen ein bestimmter Zeitraum zur Verfügung. In Deutschland ist dieser in der VOB/B geregelt. Für Schlussrechnungen ist dort festgelegt, dass diese innerhalb von zwei Monaten nach Eingang bezahlt werden müssen. Dies gilt natürlich nur, wenn die Rechnung überprüfbar und richtig ist. Ist dies nicht der Fall, muss der Auftragnehmer innerhalb der zwei Monate entsprechend informiert werden. Für Abschlagzahlungen gilt das Gleiche, aber eine Frist von nur 18 Werktagen.
Prüfungsfristen

○ **Hinweis:** Dieses Vorgehen ist etwa bei größeren Fassadenarbeiten üblich, da der Auftragnehmer die Materialien wie Profile, Glas, Beschläge und Dichtungsmaterial für die Werkstattfertigung der Fassadenelemente beschaffen und bei seinen Lieferanten bezahlen muss. Der Zeitraum bis zu Einbau und Abnahme und der damit verbundenen Möglichkeit, eine Rechnung zu stellen, müsste sonst mit teilweise erheblichen Kosten durch den Auftragnehmer zwischenfinanziert werden.

● **Beispiel:** Mit Vorlage der dritten Abschlagsrechnung stellt der Auftragnehmer alle bis dahin erbrachten Leistungen (einschließlich der bereits bezahlten Leistungen der ersten beiden Rechnungen) für die betroffenen Positionen des Leistungsverzeichnisses in Rechnung. Vom errechneten Betrag wird ein möglicherweise vereinbarter Nachlass und ein Sicherheitseinbehalt abgezogen. Von dieser Summe werden dann die mit den beiden ersten Abschlagsrechnungen bezahlten Beträge ebenfalls abgezogen. Auf diese Weise wird die offene Rechnungssumme ermittelt.

Rechnungsprüfung
(kumulative Rechnungslegung)   3. AZ Fa. Müller

B.H.	Vermögensanlagen West AG		BT:		
B.V.	Abbrucharbeiten				
Auftr. Nr.	450072820	Projekt-Nr.:	D-06-0996	Kostenstelle:	Meier
Titel:		Nr.:		AN:	Fa. Müller
Eingangsdatum:	29.5.2007	Rechnungsdatum:	24.5.2007	Rechnungsnr.:	VF-07-0252
Prüffähig?	[X] Ja [ ] Nein	Grund:			
	[ ] Prüffähig ab Datum / Grund:				

				ohne MwSt. €	MwSt. 19 % €	mit MwSt. €
1. Betrag ungeprüft				150'000.00		
2. Betrag geprüft vor Abzug der Nachlässe				150'000.00		
3. Nachlässe	3.00	%	(-)	4'500.00		
4. Wert der Leistung				145'500.00		
5. Sicherheitseinbehalt	5%	x 10%	(-)	14'550.00		
6. Betrag				130'950.00		
7. Wert der bisherigen Zahlung (en)			(-)	90'000.00		
8. Betrag				40'950.00		
9. Abzüge / Belastungen gem. Anlage			(-)			
10. Betrag (Wert der Zahlung)				40'950.00		
11. Skonto	0.00	%	(-)	0.00		
12. auszuzahlender Betrag				**40'950.00**	**7'780.50**	**48'730.50**

Bemerkungen:

Die in Rechnung gestellte Summe ist durch den Stand der ausgeführten Arbeiten gedeckt.

Sachlich	geprüft:
Rechnerisch	geprüft:
Zur Zahlung	freigegeben:

Abb. 34: Musterformular für eine kumulative Rechnungsprüfung

Abnahmen

ABNAHMEN DER BAULEISTUNGEN, RISIKOÜBERGANG

Die Abnahme einer Bauleistung oder eines Bauwerks erfolgt durch den Bauherrn mit seinem Vertreter, also dem Architekten oder Bauleiter, und dem Auftragnehmer. Damit die Abnahme stattfinden kann, muss die Bauleistung bis auf wenige, unbedeutende Mängel vollendet worden sein. Nur wenn besonders gravierende Mängel vorliegen, die die so genannte Gebrauchsfähigkeit des Gebäudes oder Bauteils einschränken, kann die Abnahme verweigert werden.

Mit der Abnahme erkennt der Bauherr an, dass die Unternehmerleistung erbracht ist. Die Abnahme ist in den meisten Ländern durch Gesetze geregelt. Der Auftragnehmer kann die Abnahme seiner Leistung verlangen, wenn diese im Wesentlichen erbracht ist. Bei der Abnahme wird geprüft, ob die Leistung den vertraglichen Vereinbarungen entspricht. Bestätigt der Auftraggeber dies dem Auftragnehmer, so gilt der Vertrag als erfüllt. Sollten zu diesem Zeitpunkt irgendwelche Leistungen bekanntermaßen noch unvollständig oder mangelhaft sein und der Auftraggeber meldet keinen Vorbehalt an, so hat er anschließend kein Recht mehr auf kostenlose Beseitigung der Mängel bzw. Erbringen der Restleistung.

Nach der Fertigstellung der Leistung und bis zur Abnahme ist jeder Auftragnehmer verpflichtet, diese zu schützen. Werden die Leistungen vor der Abnahme beschädigt, ist der Verursacher für die Beseitigung verantwortlich. Kann dieser nicht festgestellt werden, muss der Auftragnehmer den Schaden auf seine Kosten beseitigen. Je nach Bauteil müssen Leistungen besonders geschützt werden vor:

■ **Tipp:** Bemerkt der Bauleiter, dass eine Leistung nicht richtig ausgeführt wird, muss er den Ausführenden sofort darauf hinweisen und nicht bis zu einer Teil- oder Schlussabnahme warten. Denn sonst vergeht viel Zeit, und der Schaden wird durch die falsch ausgeführte Leistung immer größer. Es kostet alle Beteiligten am Ende nur Zeit, Geld und Nerven, eine Wand an einer falschen Stelle oder zum falschen Zeitpunkt bauen zu lassen, wenn etwa noch andere Arbeiten erledigt werden müssen. Für die Arbeiter ist es sehr demotivierend, gerade fertiggestellte Arbeiten wieder abreißen zu müssen.

- Frost, Regen und Sonneneinstrahlung,
- Verschmutzung,
- zu früher oder unsachgemäßer Nutzung,
- mechanischen Beschädigungen,
- Diebstahl.

Verdeckte Mängel

Arglistig verschwiegene und verdeckte Mängel müssen auch später noch durch den Auftragnehmer beseitigt werden. Bis zur Abnahme ist der Auftragnehmer dafür verantwortlich, seine Leistung vor Beschädigung zu schützen, schadensfrei zu halten und vertragsgemäß abzuliefern.

Teilabnahme/ Schlussabnahme

Je nachdem, wann eine Abnahme stattfindet, spricht man von der Teil- oder Schlussabnahme. Wie bereits im Kapitel Abschlagsrechnung und Aufmaß beschrieben, können für erbrachte Teilleistungen Teilabnahmen durchgeführt werden.

Abnahmeprotokoll

Wird bei der Abnahme ein Mangel festgestellt, ist dies in einem Abnahmeprotokoll schriftlich festzuhalten. > Abb. 35 Dieser Mangel ist möglichst exakt (Art und Ort des Mangels) zu beschreiben.

Bei Meinungsverschiedenheiten müssen die Einwände des Auftragnehmers ebenfalls im Protokoll festgehalten werden. Wie und auf wessen Kosten der strittige Mangel beseitigt wird, muss später geklärt werden. Die rechtlichen Konsequenzen einer Abnahme lassen sich wie folgt zusammenfassen:

- Die Beweislast, dass die Bauleistung vertragsgemäß erbracht wurde, liegt vor der Abnahme beim Auftragnehmer. Nach der Abnahme muss der Bauherr beweisen, dass der Mangel durch den Auftragnehmer verursacht wurde.
- Wird eine mangelhafte Leistung ohne Vorbehalt abgenommen, hat der Auftraggeber kein Recht mehr auf die kostenlose Beseitigung des Mangels (außer der Mangel war verdeckt oder wurde arglistig verschwiegen).

■ **Tipp:** Bei der Abnahme sollten festgestellte Mängel sowohl textlich in einem Protokoll beschrieben als auch zeichnerisch im entsprechenden Grundrissplan markiert werden. So lassen sich bei einer Überprüfung der Mängelbeseitigung die betroffenen Stellen leicht finden. Protokoll und Plan sind dem Abnahmeprotokoll als Anlage beizufügen und an alle Beteiligten zu übergeben.

PROTOKOLL   - TEILABNAHME   ☐
                 - SCHLUSSABNAHME   ☐

Projekt   :
Bauherr   :
Datum   :
Gewerk   :
Umfang der Abnahme   :
Auftragnehmer   :
Vertreter Auftragnehmer   :
Vertreter Architekten   :
Vertreter TGA   :
Vertreter Bauherr   :
Mängel   :

separate Mängelliste als Anlage beigefügt ☐ ___Seiten/keine separate Mängelliste beigefügt ☐

Für die aufgeführten Mängel wurde keine (Sicht-)Abnahme erteilt.

Der Auftragnehmer wird die Mängel bis spätestens _____ vertragsgerecht beseitigen.

Revisionsunterlagen, Wartungs- und Pflegeanleitungen, sowie Unterlagen aufgrund von behördlichen Vorschriften
sind vollständig ☐/sind unvollständig ☐/sind nachzureichen ☐

Der Auftraggeber wird die fehlenden Unterlagen bis spätestens _____ nachreichen.

Gewährleistungsbeginn   :

Gewährleistungsende   :

Bemerkungen   :

Einwendungen
Auftragnehmer   :

Unterschriften   :

_____   _____
Datum/ Vertreter Auftragnehmer   Datum/ Vertreter Architekten

_____   _____
Datum/ Vertreter TGA   Datum/ Vertreter Bauherr

Das Protokoll besteht insgesamt aus ___ Seiten.

Abb. 35: Vordruck eines Abnahmeprotokolls

- Mit der Abnahme beginnt die Gewährleistungsfrist.
- Der Auftragnehmer kann für die abgenommene Leistung eine Rechnung stellen. Die Bezahlung wird fällig.

Aufgrund der Bedeutung der Abnahme sollte der Bauleiter diese sehr solide vorbereiten. Folgende Unterlagen sollten vorliegen:

- Bauvertrag mit Planungsunterlagen und Leistungsverzeichnis
- Protokolle der Bemusterungen und weiterer Festlegungen
- Listen oder Protokolle früher gerügter und noch nicht beseitigter Mängel
- Pläne, in die die festgestellten Mängel eingetragen werden können

GEWÄHRLEISTUNG

Wie bereits erläutert, beginnt mit der Abnahme die Gewährleistungsfrist, also der Zeitraum, für den der Auftragnehmer die Garantie der vertragsgemäß zugesicherten Eigenschaften des Bauteils übernimmt. Innerhalb dieser Frist muss der Auftragnehmer Mängel, die er verschuldet hat, kostenlos beseitigen. Dies gilt auch für verdeckte und insbesondere arglistig verschwiegene Mängel. Die Dauer der Gewährleistung kann im Bauvertrag vereinbart werden.

BEHÖRDLICHE ABNAHMEN

Neben der Abnahme der Bauleistungen durch den Bauherrn wird die Baumaßnahme auch durch die Genehmigungsbehörde abgenommen. Dabei wird geprüft, ob die Ausführung den baurechtlichen und bautechnischen Anforderungen genügt und damit der genehmigten Planung entspricht.

Rohbauabnahme — Die Fertigstellung des Rohbaus muss der Genehmigungsbehörde mitgeteilt werden. In der Regel erfolgt dann die Rohbauabnahme, bei der die Standsicherheit sowie die bis dahin prüfbaren Anforderungen an den Schall-, Wärme und Brandschutz geprüft werden.

Schlussabnahme — Die Schlussabnahme erfolgt nach Fertigstellung aller für die Errichtung des Bauwerks erforderlichen Bauarbeiten. Dies muss der Behörde ebenfalls schriftlich mitgeteilt werden. Zur Schlussabnahme müssen alle in der Baugenehmigung zur Abnahme geforderten Unterlagen vorliegen:

- Bescheinigung der Funktion von Heizungs- und Kaminanlagen
- Bescheinigung der Umsetzungen der Brandschutz-Anforderungen
- Bescheinigung, dass die Errichtung durch einen Fachunternehmer erfolgt ist

Bei der Schlussabnahme wird in der Regel das gesamte Gebäude begangen, und die Anforderungen werden stichprobenartig überprüft. Planungsänderungen, die sich während der Bauphase ergeben haben, werden durch die Genehmigungsbehörde geprüft und, falls genehmigungsfähig, zugelassen. Nicht genehmigungsfähige Abweichungen müssen so geändert werden, dass sie dem Baugenehmigungsstand entsprechen. Ist die Schlussabnahme erfolgt, wird die Nutzungserlaubnis für das Gebäude erteilt.

Übergabe

ÜBERGABE AN DEN BAUHERRN

Der Umfang der Übergabe an den Bauherrn richtet sich naturgemäß nach der Größe und Komplexität des fertigen Gebäudes. Bei dieser Übergabe erhalten der Bauherr und die später für das Gebäude Verantwortlichen (Hausmeister, Facility Manager) Einweisungen in die technischen Anlagen sowie die Projektdokumentation. > Kap. Projektdokumentation

Die Übergabe sollte in thematische Bereiche, die der Einteilung der ausgeführten Gewerke entsprechen, aufgeteilt werden. So werden nur die jeweils betroffenen, verantwortlichen Personen eingewiesen. Diese Bereiche können wie folgt definiert werden:

- Gebäude allgemein
- Konstruktive Ein- und Ausbauten wie Türen, Trennwände oder Einbaumöbel
- Möbel und spezifische Gebäudeausstattung
- Fassade und Fassadentechnik
- Brandschutztechnik
- Haustechnik allgemein oder aufgeteilt in die haustechnischen Gewerke
- Heizungstechnik
- Lüftungstechnik
- Sanitärtechnik
- Elektrotechnik
- Medientechnik
- EDV
- Kommunikationstechnik
- Sicherheitstechnik

Die Einweisungen sollten durch den Bauleiter und die verantwortlichen Planer der Einzelgewerke erfolgen. Zur Übergabe des Gebäudes an den Bauherrn muss die Projektdokumentation vollständig übergeben werden.

PROJEKTDOKUMENTATION

Für den Bauherrn ist es wichtig, dass er alle das Gebäude betreffenden Unterlagen übersichtlich geordnet erhält. Die Erfahrung zeigt, dass dies auch im Interesse des Bauleiters liegt, da sich sonst der Bauherr mit jeder Frage, die sich nach dem Einzug ergibt, an den Bauleiter wendet. Eine strukturierte Baudokumentation sollte folgende Unterlagen enthalten:

- Inhaltsverzeichnis aller Unterlagen
- Auflistung der projektbeteiligten Planer mit Ansprechpartnern
- Ansprechpartner der Gewährleistungen
- Baugenehmigung mit Abnahmeprotokollen
- Unterlagen zum Rohbau mit Plänen und Abnahmeprotokollen
- Unterlagen zum Ausbau mit Abnahmeprotokollen, Prüfbüchern, Nachweisen der verwendeten Baustoffe, Gebrauchsanweisungen, Pflegeanleitungen usw.
- Unterlagen zur Fassade mit Planunterlagen, Prüfbüchern, Revisionsunterlagen, Nachweisen der verwendeten Verglasungen, Profile usw., Revisionsunterlagen des Sonnenschutzes usw.
- Unterlagen der haustechnischen Gewerke mit Planunterlagen, Abnahmeprotokollen, technischen Beschreibungen, Revisionsunterlagen, Prüfbüchern usw.

Für Einbauten oder Bauteile, für die die regelmäßige Überprüfungen vorgeschrieben sind (wie z. B. Aufzüge, automatische Türen, automatische Brandschutzeinrichtungen, Klima- oder Lüftungsanlagen), werden von den Herstellern so genannte Prüfbücher zur Verfügung gestellt. Der Bauleiter sollte den Bauherrn auf die Prüfintervalle besonders hinweisen. Werden diese überschritten oder vernachlässigt, kann der Gewährleistungsanspruch verloren gehen und vorzeitiger Verschleiß auftreten. Da die Wartung und Instandhaltung großer und komplexer Gebäude aufwendig und arbeitsintensiv ist, werden dafür heutzutage häufig spezialisierte Firmen, so genannte Facility-Management-Unternehmen, beauftragt.

Anhang

LITERATUR

Bert Bielefeld, Thomas Feuerabend: *Baukosten- und Terminplanung,* Birkhäuser Verlag, Basel 2007

Tim Brandt, Sebastian Franssen: *Basics Ausschreibung,* Birkhäuser Verlag, Basel 2014

Wolfgang Brüssel: *Baubetrieb von A bis Z,* Werner Verlag, Düsseldorf 2002

Gunther Hankammer: *Abnahme von Bauleistungen,* Verlag R. Müller, Köln 2005

Ulrich Nagel: *Baustellenmanagement. Praxishilfen für die erfolgreiche Bauleitung; mit Checklisten, Praxistipps, Rechtshinweisen und Musterbriefen,* Verlag für Bauwesen, Berlin 1998

Ulrich Nagel: *Briefsammlung für den Baupraktiker,* Software, cenes data, Berlin 2003

Ulrich Nagel: *Baustellenorganisation,* Taschenbuch Bauberufe, Cornelsen-Verlag, Berlin 2004

Reiner Oswald, Ruth Abel: *Hinzunehmende Unregelmäßigkeiten bei Gebäuden,* 3. Auflage, Bauverlag, Wiesbaden, Berlin 2005

Rudolf Rybicki: *Bauausführung und Bauüberwachung. Recht – Technik – Praxis. Handbuch für die Baustelle,* 2. Auflage, Werner Verlag, 1995

Falk Würfele, Bert Bielefeld, Mike Gralla: *Bauobjektüberwachung,* Vieweg Verlag, Braunschweig/Wiesbaden 2007

Falk Würfele, Mike Gralla: *Nachtragsmanagement,* Werner Verlag, Neuwied 2006

RICHTLINIEN UND NORMEN (AUSWAHL)

Deutschland	
DIN 276	Kosten im Hochbau
DIN 1961	VOB/B
DIN 18202	Toleranzen im Hochbau
DIN 18960	Nutzungskosten im Hochbau
DIN 69900	Teil 1, Projektwirtschaft Netzplantechnik Begriffe, August 1987
DIN 69902	Projektwirtschaft Einsatzmittel Begriffe, August 1987
DIN 18299 ff.	VOB/C

Richtlinien der Europäischen Union
92/57/EWG vom 24.6.1992 über die auf zeitlich begrenzte oder ortsveränderliche Baustellen anzuwendenden Mindestvorschriften für die Sicherheit und den Gesundheitsschutz (Baustellenrichtlinie)

Österreich	
ÖNORM A 1801	Kosten im Hoch- und Tiefbau (1 Kostengliederung, 2 Objektdaten, 3 Objektnutzung)
ÖNORM A 2060	Allgemeine Vertragsbestimmungen für Leistungen – Werkvertragsnorm
ÖNORM A 2110	Allgemeine Vertragsbestimmungen für Bauleistungen – Werkvertragsnorm

BILDNACHWEIS

Abbildung 6: aboutpixel.de
Abbildungen 14, 15 und 32: nach Ulrich Nagel
Abbildungen 28 und 29: Rainer Oswald
Tabelle 3: Bert Bielefeld
Alle anderen Abbildungen: der Autor

DER AUTOR

Lars-Phillip Rusch, Dipl.-Ing., ist freiberuflicher Architekt und wissenschaftlicher Mitarbeiter am Lehrstuhl Baubetrieb und Bauprozessmanagement der Universität Dortmund.
Der Autor dankt besonders Herrn Prof. Ulrich Nagel für die Überlassung von Textmaterial und Abbildungsvorlagen zur Erarbeitung dieses Buches.

**EBENFALLS IN DIESER
REIHE BEI BIRKHÄUSER ERSCHIENEN:**

Entwerfen

Basics Entwerfen und Wohnen
Jan Krebs
e-ISBN (PDF) 978-3-0356-2319-2

Basics Entwurfsidee
Bert Bielefeld,
Sebastian El khouli
ISBN 978-3-0346-0675-2

Basics Methoden der Formfindung
Kari Jormakka
ISBN 978-3-0356-1032-1

Basics Materialität
M. Hegger, H. Drexler, M. Zeumer
ISBN 978-3-0356-0302-6

Basics Raumgestaltung
Ulrich Exner, Dietrich Pressel
ISBN 978-3-0356-1001-7

Basics Barrierefrei Planen
Isabella Skiba, Rahel Züger
e-ISBN (PDF) 978-3-0356-2189-1

Als Kompendium erschienen:
Basics Entwurf
Bert Bielefeld (Hrsg.)
ISBN 978-3-03821-558-5

Darstellungsgrundlagen

Basics Freihandzeichnen
Florian Afflerbach
ISBN 978-3-03821-543-1

Basics CAD
Jan Krebs
ISBN 978-3-0356-1961-4

Basics Modellbau
Alexander Schilling
ISBN 978-3-0356-2182-2

Basics Technisches Zeichnen
Bert Bielefeld, Isabella Skiba
ISBN 978-3-0346-0676-9

Basics Architekturfotografie
Michael Heinrich
ISBN 978-3-03821-522-6

Als Kompendium erschienen:
Basics Architekturdarstellung
Bert Bielefeld (Hrsg.)
ISBN 978-3-0356-2313-0

Konstruktion

Basics Stahlbau
Katrin Hanses
ISBN 978-3-0356-0364-4

Basics Betonbau
Katrin Hanses
ISBN 978-3-0356-0361-3

Basics Dachkonstruktion
Ann-Christin Siegemund
ISBN 978-3-0356-1941-6

Basics Fassadenöffnungen
Roland Krippner,
Florian Musso
ISBN 978-3-0356-2005-4

Basics Holzbau
Ludwig Steiger
ISBN 978-3-0356-2124-2

Basics Mauerwerksbau
Nils Kummer
e-ISBN (PDF) 978-3-0356-1251-6

Basics Tragsysteme
Alfred Meistermann
ISBN 978-3-0356-2004-7

Basics Glasbau
Andreas Achilles,
Diane Navratil
ISBN 978-3-0356-1988-1

Als Kompendium erschienen:
Basics Baukonstruktion
Bert Bielefeld (Hrsg.)
ISBN 978-3-0356-2315-4

Berufspraxis
Basics Kostenplanung
Bert Bielefeld,
Roland Schneider
ISBN 978-3-03821-530-1

Basics Projektplanung
Hartmut Klein
ISBN 978-3-0356-2008-5

Basics Ausschreibung
Tim Brandt, Sebastian Franssen
ISBN 978-3-03821-518-9

Basics Terminplanung
Bert Bielefeld
ISBN 978-3-0356-1627-9

Städtebau
Basics Stadtbausteine
Th. Bürklin, M. Peterek
ISBN 978-3-0356-1002-4

Bauphysik und Haustechnik
Basics Lichtplanung
Roman Skowranek
ISBN 978-3-0356-0929-5

Basics Raumkonditionierung
Oliver Klein, Jörg Schlenger
ISBN 978-3-0356-1661-3

Basics Wasserkreislauf im Gebäude
Doris Haas-Arndt
ISBN 978-3-0356-0565-5

Landschaftsarchitektur
Basics Entwurfselement Pflanze
Regine Ellen Wöhrle,
Hans-Jörg Wöhrle
ISBN 978-3-0356-2009-2

Basics Entwurfselement Wasser
Axel Lohrer, Cornelia Bott
ISBN 978-3-0356-2010-8

Erhältlich im Buchhandel oder unter
www.birkhauser.com

Reihenherausgeber: Bert Bielefeld
Konzept: Bert Bielefeld, Annette Gref
Layout und Covergestaltung: Andreas Hidber
Satzherstellung und Produktion: Amelie Solbrig

Bibliografische Information der Deutschen Nationalbibliothek
Die Deutsche Nationalbibliothek verzeichnet diese Publikation in der Deutschen Nationalbibliografie; detaillierte bibliografische Daten sind im Internet über http://dnb.dnb.de abrufbar.

Dieses Werk ist urheberrechtlich geschützt. Die dadurch begründeten Rechte, insbesondere die der Übersetzung, des Nachdrucks, des Vortrags, der Entnahme von Abbildungen und Tabellen, der Funksendung, der Mikroverfilmung oder der Vervielfältigung auf anderen Wegen und der Speicherung in Datenverarbeitungsanlagen, bleiben, auch bei nur auszugsweiser Verwertung, vorbehalten. Eine Vervielfältigung dieses Werkes oder von Teilen dieses Werkes ist auch im Einzelfall nur in den Grenzen der gesetzlichen Bestimmungen des Urheberrechtsgesetzes in der jeweils geltenden Fassung zulässig. Sie ist grundsätzlich vergütungspflichtig. Zuwiderhandlungen unterliegen den Strafbestimmungen des Urheberrechts.

Dieses Buch ist auch in englischer Sprache (ISBN 978-3-0356-1607-1) und französischer Sprache (ISBN 978-3-7643-8105-9) erschienen.

© 2014 Birkhäuser Verlag GmbH, Basel
Im Westfeld 8, 4055 Basel, Schweiz
Ein Unternehmen der Walter de Gruyter GmbH, Berlin/Boston

ISBN 978-3-03821-519-6

9 8 7

www.birkhauser.com